WAC BUNKO

米中「冷戦」から「熱戦」へ

トランプは習近平を追い詰める

WAC

はじめに――中国共産党帝国に対する「宣戦布告」

本格的な米中対決時代が到来した。筆者は二〇一二年頃から米中対決時代の到来を予測してきたが、遂にそれが現実となったのである。

トランプ政権の誕生以来、米中が激突することは最早、必然であったが、多くの識者は全くそれに気が付いていなかった。特に親中色が濃厚な日本のマスコミは、敢えてこの問題から目をそらしてきた感がある。二〇一八年七月から、トランプ政権はチャイナに対する高関税による経済制裁を始めた。しかしこれは単なる貿易摩擦問題ではなかった。この経済制裁は、既存の世界秩序を破壊しようとするチャイナを、アメリカが徹底して叩き伏せようとして始めた総合戦略の一環なのである。

そして十月四日、ペンス米副大統領が、対チャイナ宣戦布告とも呼べる画期的な演説を行なった。戦争という言葉を広義に捉えれば、これはまさに中国共産党帝国に対するアメリカの宣戦布告であった。ここまで来てようやく、世界の世論は米中の深刻な対決に覚醒したのである。

しかしこのペンス演説の重大性が、日本では広く理解されていない。日本を代表する日刊経済紙などは、中国共産党サイドに立ってペンス演説を非難しさえしたのである。本書を熟読してくれれば、ペンス演説以降、世界は全く異なる局面に突入したと言っても決して過言ではないことが理解できるだろう。

ペンス副大統領はその後、十一月十二日付のワシントンポスト紙のインタビューで、初めて「冷戦」という言葉を使いながら、チャイナにその行動の徹底的な変化を要求した。

十一月十五日には、シンガポールにおける東アジアサミットで、ペンスは南シナ海で軍事拠点化を進めるチャイナを猛烈に批判した。アメリカの対中批判は言葉でだけ行なわれたものではなかった。東アジアサミット開幕前日の十四日、米海軍第七艦隊は二つの空母打撃軍をフィリピン周辺海域に派遣し、作戦行動実施中であると発表したのである。展開したのは、「ロナルド・レーガン」と「ジョン・シー・ステニス」の二隻の空母を中心とする空母打撃軍である。この二つの空母打撃軍の戦力は、空母二隻の他に艦船十隻、そして航空機約百五十機を伴うものである。米国は行動をもって「自由で開かれたインド・太平洋」の平和を守ってゆく決意を示したのだ。

更に十一月十七日、パプアニューギニアで開かれたアジア太平洋経済協力会議（APEC）の席上で、ペンス副大統領は再び、強烈な反チャイナ演説を行なった。チャイナの南シナ海での無法な軍事行動や、「債務の罠」を使っての他国の主権侵害などの罪状を、ペンスは鋭く批判した。そして「インド太平洋地域に独裁や侵略の存在する余地はない」とチャイナ指導部に挑戦状をたたきつけた。更にペンス副大統領は、六百億ドルに倍増したファンドを創設し、アメリカがこの地域のインフラ整備に乗り出すことも高らかに宣言した。つまりチャイナの「一帯一路」ではなく、アメリカ主導の平和的で民主的なインフラ整備を新興国諸国に受け入れるように呼び掛けたのである。

石平さんから「十月四日のペンス演説をどう思うか」との電話を受け取ったのは、確か十月七日であったと記憶する。その重要性について二人の意見が完全に一致したので、雑誌『WiLL』に頼んで、早速、十月十三日に緊急対談を行なった。これは『WiLL』誌上の一回の対談記事で終わるはずであったが、その場に同席していたWACの方々が「これは重大な対談だから、是非、緊急出版で本にしましょう」と即断即決してくれた。そこで続きの対談を行ない、このような形で本として上梓することが出来た。

先ず、ペンス演説の重要性に気が付いた石平さんの直観力に敬意を表したい。彼からの電話がなかったならば、この書籍が日の目を見ることはなかったろう。

対談は多岐にわたったが、石平さんの広範な歴史と文明に対する知識力が、この対談を更に知的にも奥深く、広いものにしてくれたと思う。この機会を与えてくれた石平さんに心から御礼を申し上げる。

この対談を企画実現してくださったWAC株式会社の皆様にも心からの感謝を申し上げたい。

なお、私の発言部分では、本来「シナ」と表記すべきところを、編集部の助言を受け、慣例に従い、一部「中国」「チャイナ」とした。

二〇一八年（平成三十年）十一月二十五日、憂国忌の日に

藤井 厳喜

米中「冷戦」から「熱戦」へ

トランプは習近平を追い詰める

◎目次

「超限戦」を想定している／目覚めたアメリカが「大軍拡」に踏み出した！／ピルズベリーとナヴァロの対中戦略・歴史認識が大事だ／トランプはチャイナマネーは不要。欲しいのは中国打倒の名誉／キリスト教弾圧で米国の反中世論に火に油を注いだ習近平の大失敗／独裁者にとって「自己批判」「後退」は「自殺」に等しい／毛沢東と習近平には根本的な違いがある／中国共産党は世界征服を目指す秘密結社のようなもの

第四章

習近平の「自力更生」の雄叫びが聞こえてくる

されど「人民元」は暴落していく

対中経済制裁は北朝鮮対策でもある／なぜ、習近平は旧満洲に足を向けたのか／自分で自分の首を絞める習近平政権／「一帯一路」をおいしいとまだ信じる日本企業の経営者たち／船（中国）が沈むか、今の船長（習近平）を海に放り込むか

第五章

米中戦争は「文明社会」と「暗黒帝国」の戦いである

「文明の衝突」と「文明の脅威」

中国皇帝の使命は「野蛮民族」を教化することだった／危険なチャイナルールの強要・強制／今の中国には誇るべき文明がない／世界に共通する人類の価値観に挑戦する習近平／近代科学を生み出せなかった中華文明圏とイスラム文明圏／ターゲットは腐敗幹部から金持ちに変わった／「決定的な欠陥」を逆に「中国の強さ」に悪用／日本に言論の自由の規制を要求する中共／中国が「直接支配」をしたがる理由／南シナ海はブラックホールのように中国の財力を吸い込む／帝国主義が成功するための秘訣／習近平のならず者文化が中国を潰している

取材協力／菅原昭悦
装幀／須川貴弘（WAC装幀室）

第一章

「眠れる獅子アメリカ」がついに目覚めた！

「ペンス演説」は対中「宣戦布告」である

チャーチル「鉄のカーテン」演説に匹敵する

藤井　二〇一八年は、六月に初の米朝首脳会談がシンガポールで開催されたりして、北東アジアに於いてはさまざまな動きがありました。しかし、北朝鮮の核問題以上に中国の脅威が声高に指摘されるようになった年として、歴史に刻まれる年となりました。それを象徴するのが、十月四日、米国の保守系シンクタンクであるハドソン研究所で、トランプ政権のマイク・ペンス副大統領が行なった演説です。これは歴史的に大きな意味を持つ画期的な演説と言っていいでしょう。

石平　自由世界では、第二次大戦後のソ連との冷戦の到来を告げたウィンストン・チャーチル元英首相の「鉄のカーテン」演説（一九四六年三月）と重ねる向きもありましたね。

チャーチルは、「バルト海のステッティンからアドリア海のトリエステにいたるまで鉄のカーテンが大陸を横切って降ろされている。その線の背後には中央ヨーロッパおよび東ヨーロッパの古い国々のすべての首都がある。こうしたすべての有名な都市とその周辺の住民はソ連の勢力範囲内にある」と述べました。この演説で、自由世界がソ連の東欧支配などの脅威を改めて認識し、冷戦が開始されました。

藤井　その戦いは、一九九一年のソ連崩壊まで続いたわけです。「ペンス演説」は、ソ連に代わって世界支配を試みようとする中国の危険性を指摘し、それへのアメリカの決意表明ともいえます。そのペンス大統領は、二〇一八年十一月に日本を訪れ、安倍晋三首相と会談し、対中警戒に関して足並みを揃えていくことを確認しました。安倍首相はその前に、十月に七年ぶりに訪中して、日中首脳会談をしていますが、その評価はおいおい分析するとして、まずは、ペンス演説の骨子を見てみましょう。

石平　ペンス演説の骨子は以下の通りです。

①中国の「自由化」への失望。

中国を世界貿易機関（ＷＴＯ）に加盟させて、経済の自由化によって、政治的な自由化も拡大すると期待したが、それは実現しなかった。アメリカの歴代政権は、中国が経済力を拡大することによって、軍事力を強化していったのを黙認した。

②中国との貿易赤字はもう容認しない。

過去十七年間で中国の国内総生産（GDP）は九倍に成長し、世界第二の経済大国となったが、その成功の大部分は、米国の中国への投資によってもたらされた。しかし、中国共産党は関税、為替操作、強制的な技術移転、知的財産の窃盗など、自由で公正な貿易とは相いれない政策をとってきた。二〇一七年の対中貿易赤字は三七五〇億ドル（約四十二兆円）で、米国の貿易赤字の半分を占めている。そのため、米国は中国製品に追加関税を実施した。米国は中国が苦しむことを望まない。米国は中国が自由で公正かつ互恵的な貿易政策を追求することを望む。中国が貿易障壁を撤廃し、経済を完全に開放することを要求する。

③中国は、「知財」の略奪を止めよ。

現在、中国共産党は「中国製造（メード・イン・チャイナ）2025」計画を通じて、ロボット工学、バイオテクノロジー、人工知能など世界の最先端産業の九割を支配することを目論んでいる。そのために、自国の官僚や企業に対し米国の経済的指導力の礎である知的財産をあらゆる手段を用いて取得するよう指示している。中国政府は現在、多くの米国企業に中国で事業を行うための対価として企業秘密を提出することを指示。中国の安全保障機関は、米国の技術の大規模な窃盗の黒幕だ。中国共産党は、我々から盗んだ技術を使って民間技術を軍事技術に大規模転用してきた。こうした強制的な技術移転という略奪的な慣行を止めさせるための制裁を行なう。

④中国は、米国をインド洋、西太平洋から追い出すことはできない。

中国は米国の陸、海、空、宇宙における軍事的優位を脅かす能力の獲得を第一目標とし、米国を西太平洋から追い出し、米国が同盟国の救援に訪れるのを阻止しようと試みている。だが、米海軍は国益が要求するところであればどこでも作戦行動を続ける。我々は中国に威圧されたり撤退したりすることはない。インド太平洋全域で米国の利益を主張し続ける。「自由で開かれたインド太平洋」というビジョンを前進させるために、インドからサモアに至るまで、地域全体で価値観を共有する国々との間に強固な絆を築いていく。

⑤中国は、自国民への人権弾圧を止めよ。

近年、中国は自国民に対して、他に類を見ない監視国家を築いている。中国のキリスト教徒、仏教徒、イスラム教徒に対する新たな迫害の波が押し寄せている。新疆（しんきょう）ウイグル自治区では、政府の収容所に百万人ものイスラム教徒のウイグル人を投獄し思想改造を行っている。

⑥中国は、「債務のワナ」による軍事拡大をしている。

中国は「借金漬け外交」を利用してその影響を拡大しようとして、アジアやアフリカなどのインフラ建設に数千億ドルもの資金を提供している。しかし、これらの融資条件は不透明すぎる。スリランカは、商業的価値があるかどうか疑問の余地のある港を中国の国有企業が建設するために巨額の負債を負った。支払うことができなくなると、中国政府はスリランカにその新しい港を引き渡すよう圧力をかけた。そこは中国海軍の将来的な軍事基地になる恐れがある。中国共産党は昨年から中南米三カ国に台湾との関係を断ち切り、中国を承認するよう主張。これらの行動は台湾海峡の安定を脅かす。民主政治を推進する台湾は、全中国人にとってより良い道を示すと米国は確信している。

⑦中国は、トランプ政権打倒を目指している。

中国政府はトランプ大統領の強硬な姿勢を受けて、包括的かつ組織的な反トランプキャンペーンを展開している。中国は米国の国内政策と米国の政治に干渉するための取り組みを強めている。そのために米国企業、映画会社、大学、シンクタンク、記者、州、連邦当局者に見返りの報酬を与えたり、支配しようとしている。

二〇二〇年には、別の米大統領が選出されることを望んでいる。

⑧中国は、ロシアよりひどい政治工作を行なっている。

米情報機関は「中国は政治的影響力を高めるために、貿易関税など（米国世論を分裂させる問題を利用している」と報告している。中国政府は、米国人の対中政策認識を変えるために、秘密工作員や偽装組織を動員し、プロパガンダ放送を流している。米情報機関の高官によれば、中国が米国内でやっていることはロシア人も真っ青になる内容だという。中国政府高官もトランプ政権の通商措置を非難するよう、米国のビジネスリーダーに働きかけている。米国の大企業が米国政府の政策に反対する発言をしなければ、中国は（同国での）事業許可を認めないと脅した例もあるという。

⑨「改革開放」に回帰せよ。

トランプ大統領は、共に成長する中国との建設的な関係を望んでいる。中国はこのビジョンから離れる傾向にあるが、中国の為政者が方針を変更し、数十年前の米中関係の始まりを特徴づけた改革と開放の精神に戻ることはまだ可能だろう。米国は中国に手を差し伸べている。しかし、中国との関係において、彼らの政策が、公平、互恵、そして主権の尊重が基礎となるまで、我々が態度を改めることはない。

この演説を読んだとき、「ついにアメリカは目覚めた！」と、心底から感動しました。

それは、私にとっては、天安門事件（注1）以来の興奮でしたよ。

なぜ、それほど興奮したか。まず、経済、政治、社会、宗教、軍事と、あらゆる面において、中国共産党の悪行を一つひとつ取り上げ、厳しく糾弾し、その矛先が中国共産党政権、特に今の習近平（注2）政権に向けられていたからです。マスコミでも

「宣戦布告」という言葉が使われたりしましたが、私もそう感じました。これは中国に対する全面的な宣戦布告ではないでしょうか。

藤井　ええ、間違いなく「宣戦布告」です。

「ハル・ノート」ならぬ「ペンス・ノート」！

石平　日本に対して中国から手を引け、さもなくば……と脅した「ハル・ノート」ならぬ「ペンス・ノート」と言えるかもしれない（笑）。とにもかくにも、アメリカの中国に対する考え方が完全に変わりましたね。

藤井　リチャード・ニクソン大統領以降、続いてきたアメリカの対中（宥和）政策が完全に方向転換したんです。

石平　この演説は、百年後の歴史教科書に記載されるでしょう。そして、百年後の若者がそれを読むとき、今の私たちがアメリカの「独立宣言」（一七七六年）に接するのと同様のインパクトがあるのではないか。それほどの歴史的文書だと思いました。

藤井　同感です。

石平　惜しむらくは、天安門事件の段階でここまでわかっていれば、もっと良かったのですが。

藤井　確かに、一九八九年の天安門事件のとき、アメリカが目覚めるチャンスはありました。

石平　あの頃のアメリカは、中国をどのように見ていたのでしょうか。

藤井　当時の国際情勢を振り返ると、ソ連はガタガタになっていたものの、潰れてはいない。ソ連邦が解体したのは一九九一年です。だから八九年頃はまだ、ソ連に対抗するためにチャイナを利用しようと、アメリカは考えていた。

それと、アメリカだけでなく、日本もそうだったのですが、チャイナに対して希望的観測――今から見れば、幻想と言ったほうがいいでしょう――がありました。

ペンス副大統領が演説の冒頭でも述べていたように、チャイナで改革開放政策が進めば、中産階級が育っていくだろう、そして、経済成長が進めば、外国人とのコンタクトも増え、西側（自由世界）の情報が流れこむので、中産階級の人たちは政治に参加したいと声を上げる。そうしたら、だんだんソフトになって、共産党独裁体制は緩んでいく……と夢想していたのです。

石平　中国が「民主化」に傾斜していくと思っていたのですね。

藤井　そう、経済成長によって自由化と民主化が起きるだろうと期待していた。だから、「天安門事件以降、チャイナと全面対決し追いこんだりすると、以前の毛沢東時代の共産主義独裁体制に戻ってしまう。それよりは、多少の政治的弾圧は黙認しても、鄧小平の改革開放路線を支持して、長期的にいい形に導こう」と考えて、そのアイデアを実行したのです。

日本もいち早く経済制裁を解除し、多額の政府開発援助（ＯＤＡ）をつぎ込み、天皇訪中（一九九二年）も容認した。でも、そういう善意の試みは完全に失敗に終わったわけです。中共（中国共産党）はそれをテコにして、軍拡を行ない、今日の「脅威」となってしまった。

石平　天安門事件から三十年近い時間を、アメリカや日本や欧州諸国は浪費したと思います。その間に中国は、自由と民主主義を封殺したまま、経済力と軍事力を悪い形で身につけてしまった。ソ連も自由と民主主義を封殺し、軍事力はあったけど、たいした経済力はなかった。ココム（対共産圏輸出統制委員会）が機能していましたからね。

藤井　当時のチャイナは、毛沢東時代から核兵器を持っていたといっても、ソ連と比べても、経済力も軍事力もそれほど大きくなかったですからね。経済的には、発展途上国のレベルだった。

石平　気付くのに遅かったけれど、二〇一八年にアメリカが目覚めたことは大いに評価すべきだと思います。いまから十年後になって、初めて目覚めたとしたら、大変なことになっていた。その時には間に合わなかったから。

注1：六四天安門事件　一九八九年六月に北京の天安門広場で起こった弾圧事件。民主化を求めて集まった学生や市民を人民解放軍が武力で鎮圧し、多くの死傷者を出した。国際社会からも強く非難された。

注2：習近平　中国の政治家。二〇一二年から中国共産党中央委員会総書記、二〇一三年から中華人民共和国主席に就任した。偉大な中華民族の復興を掲げてＡＩＩＢ（アジ

アインフラ投資銀行)、「一帯一路」などの国際戦略を打ち出し、アジア、アフリカで経済的影響力を高める一方、南シナ海では軍事的膨張政策を強めている。二〇一八年の全国人民代表大会で憲法を改正、国家主席の任期を撤廃して、自らは国家主席に再選した。

「封じ込め」&「関与」の「コンゲージメント」は失敗

藤井　二〇〇〇年のアメリカ大統領選挙でブッシュ・ジュニア(注1)が当選しましたが、その前年の一九九九年、私は日米保守会議というものを作り、ブッシュ・ジュニア政権の高官となる人々に、「アメリカは早く対中政策を総括して、方向転換しなければダメだ」と主張して、いち早く対中封じ込めの提案をしたことがあります。しかし、当時、共和党のエリートに聞いても、アメリカの対中政策は「コンゲージメント」(congagement)でやっていくんだと言っていました。

石平　「封じ込め」(containment)と「関与」(engagement)を合わせた造語ですね。

藤井　軍事は封じ込めるけれども、経済は関与・援助していくというわけです。これを縮めてコンゲージメント。

先ほど言ったように、経済開放が進めば資本主義化も進む。資本主義化が進むということは、法治社会になっていくということです。労働者の権利を守り、外国の企業との契約も守るという西洋的な法治主義が入ってくれば、その延長線上で共産主義独裁は緩み、民主化と自由化が進むであろう——というより、進んでほしい——という希望的観測に従って、政策を立てていた。

石平　台湾や韓国などは、かつては「独裁国家」と見られていましたが、そんな「開発独裁」路線も、やがて民主化していった。もっとも最近の韓国は、いわゆる「徴用工問題」などでも、非常識な最高裁判決が出たりして、北朝鮮化（中共化）しているようですね（笑）。

藤井　でも、当時は、中国がいずれ韓国や台湾みたいに、「一党独裁」国家でなくなっていくとの期待があったわけです。

ブッシュ・ジュニアは日本との接点がほとんどなく、周りの政権スタッフにも日本と親しい人が非常に少なかった。当時の東アジア外交では、知日派のリチャード・アーミテージ氏（レーガン政権時代は元国防次官補）が共和党サイドのキーパーソンでした。だから、ブッシュ・ジュニア政権ができたら、彼が中心になると考え（事実、国務副長官に就任）、一九九九年の十一月にアーミテージの事務所で私は彼と会った。そのときに対チャイナ政策を聞いたら、「コンゲージメントだ」と、繰り返し言っていました。また、「台湾の独立を支持しなければいけないのではないか」と言うと、「現状維持だ」としか答えなかった。彼は共和党の中でも穏健派で、この前の大統領選挙でもトランプに反対していました。その時、アミテージと私の主張とには対中国観でかなり違いがあるなと思いました。

石平　当時は、共和党でも、その程度の中国認識だったのですね。

藤井　結局、ブッシュ・ジュニア政権は、対中政策の総括も方向転換もやってくれなかった。少しばかり同情の余地があると思うのは、中東で戦争を始めたことでアジアにまで頭が回らなかったのでしょう。アフガン戦争までは良かったと思うけれど、そのあとのイラク戦争はやる必要がなく、余計でした。そのためにアメリカは体力を消耗してしまった。

石平 中国に目を向ける余裕がなくなったということですね。

パパ・ブッシュからオバマまでの間、アメリカは時間を浪費してしまった

藤井 ただ、問われるのは、ブッシュ・ジュニアだけではないんです。その前のクリントン政権にしても、だいたい同じようなスタンスで、最終的には非常にチャイナ寄りになってしまった。

ブッシュ・ジュニアの後で大統領になったオバマも、異母弟が中国人女性と結婚して中国で生活していたり、非常に親中的でした。またオバマの異父妹もチャイニーズ・アメリカンと結婚しています。口ではいろいろと言ったけれど、緩い政策を取って、チャイナの脅威になるようなことは何もやらなかった。

石平 オバマは、北朝鮮に対しても「戦略的忍耐」とか、もっともらしいことを言ってましたが要は見て見ぬフリをするだけ。中国に対しても似たような姿勢でしたね。

藤井 アメリカはトライアル&エラー（試行錯誤）の国ですから、そういうことがあっても仕方がないかも知れない。しかし、パパ・ブッシュ時代（注2）から、クリントン、ブッシュ・ジュニア、オバマに到る累計二十八年間、石平さんが言うように時間を浪費したのは確かです。それでも、ギリギリのタイミングでトランプ政権が出てきて、チャイナの脅威を正しく認識した。石さんのおっしゃる通り、私は、間に合って良かったと思いますね。

石平 気になるのは、アメリカにいまでも親中派がかなりいることです。

藤井 おっしゃるように、トランプは国内にけっこう敵を抱えています。たとえば、グローバルなビッグビジネス。シリコンバレー系ではアップルやフェイスブックが親中派であり、彼らはトランプの対中経済制裁に反対している。

それから、共和党の中にも親中派はいます。共和党というのは、ビッグビジネスを支持する人たちとスモールビジネスを支持する人たちが合体した党です。ビッグビジネスの多国籍企業はチャイナを相手にして儲けているところもある。そのビッグビジネス派は共和党の中でかなり勢力が強い。米中正常化を実現した元国務長官のヘンリー・キッシンジャーなどがその代表例ですよ。キッシンジャーはアメリカの中間選挙が終わったあとの二〇一八年十一月八日には中国を訪れ、習近平と握手していましたね。

石平 マッカーサーではないけど、「老兵は死なず、ただ消え去るのみ」を実践せよと言いたくなりますね（笑）。中国に対して経済的に癒着関係にあるようなキッシンジャーみたいのがいたから、これまでの共和党も、はっきりアンチ・チャイナを打ち出さなかったわけだ。

藤井 そうです。共和党の中のエスタブリッシュメントであるビッグビジネス・ウイングと、トランプ政権は一線を画している。「儲ければいいというものではない。アメリカにはアメリカの原則がある」。そう主張するトランプを、チャイナから被害を受けている中小企業や自営業者、農民といったスモールビジネスの人たち、いわゆる草の根保守の人たちが支持しています。そうした層のおかげで、大統領選挙にも勝てた。

石平 トランプはビッグビジネス派ではないのですね。

藤井　トランプはタックスヘイブンを利用するような多国籍ないし無国籍の富裕層や個人を批判しています。トランプ自身がビッグビジネスと思われるかもしれないけれど、アメリカの中では中級ぐらいの財閥です。

注1：ブッシュ・ジュニア（ジョージ・ウォーカー・ブッシュ）　第四十三代アメリカ合衆国大統領（任期：二〇〇一～二〇〇九年）。第四十一代アメリカ合衆国大統領ジョージ・H・W・ブッシュの長男。二〇〇一年九月に起こった同時多発テロ事件の後、「テロとの戦い」を宣言し、テロの実行犯と見なしたアルカイダを壊滅させるためにアフガニスタンへ進攻、二〇〇三年には「大量破壊兵器を隠し持っている」としてイラクに進攻するなど、任期中に二つの戦争を実行した。

注2：パパ・ブッシュ（ジョージ・ハーバート・ウォーカー・ブッシュ）　第四十一代アメリカ合衆国大統領（任期：一九八九～一九九三年）　ロナルド・レーガン政権の副大統領を経て、一九八八年の大統領選挙に当選。一九九〇年にイラクがクウェートに侵攻して始まった湾岸戦争で勝利したが、一九九二年の大統領選挙でビル・クリントン

に敗れた。

ISをほぼ壊滅したから、次は中国を壊滅させる番になった！

藤井　アメリカ人から見れば、チャイナは国際ルールを無視して経済力をつけただけでなく、最近は民主化に逆行して、ますます独裁化が進んでいる。これを座視せず、アメリカは対チャイナ政策を転換しなければならないとトランプ政権は決断したわけです。

しかし、政権が発足する前から対チャイナ政策の転換コースはトランプの中で出来ていた、と私は思います、だから、「ペンス演説」は、政策として新しいことをやろうというのではなく、今まで進めてきた政策方針を正式に宣言したと位置づけるのが妥当でしょう。

石平　なるほど。

藤井　注目すべきは、十月四日のハドソン研究所での演説の前に、七月二十六日、首都ワシントンで開かれた「聖職者・宗教自由推進会議」で、ペンス副大統領が世界各地での宗教弾圧を非難する演説をしていたことです。

この会合にはキリスト教徒、イスラム教徒だけでなく、仏教徒も呼ばれていたのですが、「信仰の自由を弾圧するのはけしからん。アメリカの原則の一つは、宗教の種類にかかわらず、信仰の自由だ」と語ったペンスは、ウイグルでの宗教弾圧にも言及しました。

「ウイグルのイスラム教徒がひどい目に遭っている。数十万から百万単位で、再教育キャンプという名の強制収容所に入れられている。これは由々しき問題だ」と、チャイナを名指しして非難しました。それればかりか、この会議にウイグル人の被害者を招いていて、宗教弾圧の実態を証言させています。

石平　中国のチベット仏教弾圧は、ダライ・ラマなどによって、アメリカでよく知られるようになったと思いますが、ウイグルのイスラム教弾圧はどうなのですか。あまり知られていなかったのではないですか？

藤井　少なくとも、政府の中枢にいる政治家がウイグル問題を取り上げたのは、これが初めてだと思います。

石平　前代未聞というわけだ。

藤井「聖職者・宗教自由推進会議」も含めて考えると、トランプ政権はアメリカの対チャイナ政策を抜本的に変革しています。

「われわれはチャイナに期待してきた。しかし、その期待は裏切られ、すべて水泡に帰した。過去二十四年間――ニクソン以来になると四十年以上――アメリカは誤っていた」と、アメリカの対チャイナ政策を位置づけた。そして、「いまや中国共産党の帝国主義こそ、世界における最大の脅威である」と断定したのです。トランプ政権は堂々とチャイナに宣戦布告しました。

石平　トランプは、いつ頃から中国への警戒心を強めていたのでしょうか。

藤井　大統領選挙の候補者のときに、外交戦略問題では「アメリカの脅威は三つだ」と、トランプはくり返し言っていました。第一はＩＳ（イスラム国）。これは地上軍を派遣してでも、完全に抹殺しなければいけない。第二がチャイナ、第三がロシアです。ロシアに対しても、最近ロシアの違反を理由に、中距離核戦力（ＩＮＦ）全廃条約の破棄を表明しました。ただ、ロシアに対しては、「必ずしも敵にしなくてもいいかもしれない。交渉が可能な相手だ」とも言っていますが、そういう順番です。

石平 大統領選挙のときからすでに、中国がアメリカの安全保障を脅かすと考え、中国を問題視していたわけですね。

藤井 そうです。二〇一七年十一月にISが壊滅すると、十二月にホワイトハウスが「National Security Strategy」（国家安全保障戦略）というレポートを発表しました。さらに、二〇一八年一月には国防総省が「2018 National Defence Strategy」（アメリカ国家防衛戦略）を発表した。両方とも同じ書き方をしていて、内容はほぼ一緒です。これはホワイトハウスの考えと軍の考えが一致していることを物語るのですが、アメリカの一番の敵はチャイナ、二位がロシアとなっています。

石平 ISが壊滅したから、当然、敵の筆頭（ワースト1）は、格上げされて中国になったわけですね。

藤井 格上げされておめでとう、と習近平に言いたい（笑）。アメリカが中国に対して警戒心を強めた一つのポイントは、二〇一七年四月の習近平の訪米だったと思います。トランプはマールアラーゴ（フロリダ州パームビーチにある）の別荘で、習近平を出迎えました。

石平　ああ、デザートを食べている最中に、「シリアにミサイルを撃った」とトランプが習近平に伝えたときですね。

藤井　そうそう。余談ですが、あのとき、アメリカはシリア駐留のロシア軍に「どこにどういうミサイルを撃つ」と事前に教えています。そのぐらい現場で軍同士は密接な関係なんです。それはさておき、自分の別荘に招くという扱いは安倍首相と同じですが、トランプはそこで習近平に「百日計画をつくれ」と要求しました。

石平　貿易不均衡の是正や北朝鮮の核問題の解決などを促したものですね。

藤井　そうです。ところが、習近平はトランプを見くびったのか、約束はしたが、何も実行しなかった。米中首脳会談から百日経っていない七月上旬頃に、トランプは「中国は計画をつくって出してきたが、何にもしないことがわかった」と、つぶやいています。

石平　業を煮やしたのでしょう。

藤井　ただ、その時は、アメリカはまだＩＳ潰しをやっていたから、対チャイナ政策に手をつけなかった。トランプはやり方が荒っぽいように見えますが、彼なりにちゃんと順を追って外交をやっているんです。

石平　ＩＳが潰れたら、中国に対する堪忍袋の緒が切れて、経済制裁に踏み切ったわけだ。

藤井　トランプが要求したことは、チャイナの対米黒字減らしだけでなく、北朝鮮の非核化への協力、それから南シナ海の軍事要塞化の中止でした。習近平はトランプの前のオバマにも「南シナ海の軍事要塞化は現状でストップする」と、はっきり言っています。しかし、全部、約束を破った。

石平　そして、アメリカは着々と準備を進めて、二〇一八年七月に経済制裁を発動した（注1）。

藤井　「百日計画」が習近平にとって最後のチャンスだったと思います。「何かやっておかないとまずい」と習近平がトランプの要求を真摯（しんし）に受け止めていたら、おそらく大規模経済制裁には至らなかったでしょうね。

注1：アメリカの対中国経済制裁　二〇一八年三月、アメリカは通商拡大法二百三十二条に基づいて、鉄鋼とアルミニウムの輸入に追加関税を課す方針を発表し、二十三日に発動させた。これは中国だけを対象にしたものではなかったが、七月に中国からの輸入に対して三百四十億ドル分、八月に百六十億ドル分、九月に二千億ドル分を対象とする追加関税を発動した。これに対して、中国はアメリカからの輸入品に五百億ドル分の追加関税をかける報復措置を実施し、九月の段階で六百億ドル分への追加関税を予定していると発表した。

中国に対する「純粋な気持ち」がアメリカを誤らせた

石平　ペンス副大統領の講演演説が「宣戦布告」であり、アメリカの対中認識の根本的転換を意味すること、そしてそれが出てきた歴史的背景もよくわかりました。

今度は中国の側から見てみたいと思います。近代史を振り返れば、西洋列強は中国をいじめていました。しかし、アメリカが中国をいじめたことはほとんどありません。私が卒業した北京大学の前身は燕京大学といって、アメリカがつくった大学です。義和団事件（注1）で八カ国連合軍が清国から賠償金を取りましたが、アメリカはそれを中国のために使った。昔からアメリカ人は「中国が良くなってほしい」という一種の幻想的なものをもっていたように思います。

藤井 幻想と言えば幻想だけれど、それは確かにあるでしょうね。「チャイニーズを全部クリスチャンにしよう」という夢というか野望が十九世紀からありました。これも「中国が良くなってほしい」という動機からといえば、そうなんだけど。

石平 そういう意味では、アメリカは中国に対して「純粋な気持ち」をもってしまう傾向を感じますが、この「純粋な気持ち」がいくつかの歴史的過ちを犯させています。その一つは、蔣介石が、毛沢東（注2）率いる中国共産党と戦ったときに、国民政府の腐敗に頭にきて、支援を止めたことです。中国共産党の根拠地だった延安を視察したアメリカ人が、「モデルコース」を見せられて「中国共産党こそ、中国の未来を担う」と早合点してしまい、まんまと騙された。中国共産党は演技がうまいですからね。

藤井　延安に行ったのは、第二次大戦後の「マーシャルプラン」（注3）で知られるマーシャル将軍です。彼はみごとに毛沢東にだまされました。おっしゃるように国共内戦のとき、アメリカは蔣介石をしっかり応援していれば良かったと、私も思います。そうすれば、共産中国の誕生はなかった。そうすると、いまの中国は国民党が民主化を受け入れれば、「台湾」みたいな民主国家になっていたかも知れない。「大躍進」や「文化大革命」の悲劇で何千万人もが餓死したり粛清されることもなかったでしょう。またヘタをしても共産党と国民党が、北と南の分断国家を形成していたでしょう。

石平　中国共産党が中国大陸を支配した直後に、何をやったか。ソ連と軍事同盟（中ソ同盟）を組んで、アメリカに敵対した。そして、朝鮮戦争が起きると、中国共産党は義勇軍という名目で朝鮮半島に派兵し、アメリカと戦った。結局、蔣介石に対する支援をやめた対価として、アメリカは朝鮮半島で若者たち数万人の血を流すことになってしまった。それが第一回目の失敗です。

藤井　ペンス副大統領は演説で、一九四九年に中国共産党が政権を握った直後から独裁主義の拡張政策を追求し始めたと指摘していました。

石平　その意味では、「ペンス演説」は、半世紀以上昔の第一回目のアメリカの大いなる失敗から、反省を始めたんですね。

藤井　その通りだと思います。

石平　その後、ソ連を盟主とする共産主義陣営の中にいた中国は、一九六〇年代になって、ソ連と喧嘩し始めます。いわゆる「中ソ対立」です。米ソが対立していた冷戦時代ですから、「敵の敵は味方」ということで、ソ連を牽制するためにアメリカのニクソン政権が中国に接近しました。そのときに活躍したのが、先述のヘンリー・キッシンジャーです。一九七一年に訪中し関係を構築した。その米国の中国接近にあわてた日本では、田中角栄さんが拙速に日中国交回復（一九七二年）を行ない、安易な経済援助を与え、中国の今日の軍拡にも貢献することになってしまった。歴史の皮肉ですね。

藤井　まったくその通りです。その日中友好の害悪が今日まで続いている。

石平　一九七六年に毛沢東が死ぬと、鄧小平（注4）が中国共産党のトップに立ち、改革開放を唱えました。アメリカは、単なる旧ソ連に対する牽制ではなく、本当に中国が良くなると考えて、鄧小平の改革開放政策を支持した。そこで、アメリカの資本が進出した。中国市場がわれわれのものになり、それで中国も良くなる、ウィン・ウィンの関係になると夢想してしまった。

藤井　百年来の中国に対する夢がかなうと思ったんです。しかし、毛沢東と鄧小平の本質は同じです。

石平　そこで、ジミー・カーター大統領は、日本の田中角栄内閣同様に、台湾を切捨て、一九七九年一月に中国と正式に国交を結んだ。当時の中国は、毛沢東死去（一九七六年）以後で、毛沢東側近の王洪文、張春橋、江青（毛沢東夫人）、姚文元の「四人組」も失脚していた。一九七八年は、鄧小平が完全に復権した時期です。米中国交回復は、鄧小平の権力基盤を固める上で重要でした。

藤井　そこが重要です。米中・国交正常化ができなかったら、鄧小平の権力基盤は固まらなかった。というのは、アメリカと国交を樹立することで、「われわれはこれから豊かになれる」という夢を、国民全体に振り撒くことができたからです。

石平　そうです。国民に夢を与えることができました。何せ、文革時代の中国は貧困そのものでしたから。私が子供の時代に暮らした農村では、一家五人で掛け布団は一つだけの家もあった。男女関係なく、親子で夜は同じ掛け布団で寝る。ズボンも一つしかないから、兄弟が三人いましたが、順番に外出するしかなかった。それでも、中国はまだ恵まれていると「洗脳」されていたから不満はなかった。でも、アメリカと国交を結んだことで、国際社会における中国の地位もイメージも完全に変わり豊かになるのかなと思いましたよ。実際、そうなった。米中国交正常化以後、アメリカのみならず日本も、競ってお金と技術を持ってきて中国を支援してくれた。

藤井　「過去十七年間で中国の国内総生産（ＧＤＰ）は九倍に成長し、世界第二の経済大国となったが、その成功の大部分は、米国の中国への投資によってもたらされた」とペンスは言ったけれど、まさにそのとおりでしたね。

注1：義和団事件　一八九九年から一九〇〇年にかけて起こった、中国における排外運動。これを支持した清朝は欧米列強に宣戦布告したが、八カ国の連合軍が北京を占領し、清国は四億五千万両の賠償金を支払うことになった。

注2：毛沢東　中国の政治家、独裁者。中国共産党の創立党員となり、一九四五年に中国共

産党中央委員会主席と中央軍事委員会主席に就任。国共内戦では蔣介石の中華民国を大陸から追い出して、一九四九年に中華人民共和国を建国した。以後、死去するまで最高指導者であり続けたが、大躍進政策、プロレタリア文化大革命など、多くの犠牲者を出す、残酷な政治を行なった。数千万人単位の同国人を殺したと言われている。

注3：マーシャル・プラン　第二次世界大戦後にアメリカが実施したヨーロッパ復興援助計画。「マーシャル・プラン」は、提案したジョージ・マーシャル国務長官の名前を冠した通称である。戦争中に陸軍参謀長を務めたマーシャルは、この計画を推進したことで、ノーベル平和賞を受賞した。

注4：鄧小平　中国の政治家。毛沢東の死後、後継者の華国鋒を失脚させて、事実上の最高指導者となる。社会主義経済に市場経済を導入する改革開放政策を進め、中国の経済大国化の礎を築いた。

鄧小平の「市場経済化」は民生安定ではなく共産党政権維持のため

石平　では、鄧小平は何のために改革開放政策をしようとしたのか。貧しい中国国民の所得を増やし豊かな生活を保障するためだったのか？　そんなことはなかった。彼の最大の目的は共産党政権を守ることにあったのです。

要するに、毛沢東時代の観念的なイデオロギー優先のマルクス主義的な「計画経済」では中国が発展することもなく、このまま経済無策を続けていけば、共産党はいずれ潰れるから、共産党政権を守るために改革開放政策を打ち出しただけなんです。残念なことに、当時のアメリカは、鄧小平の真の狙いが何かをわかっていなかった。

藤井　全くです。

石平　だから、中国の若者たちが政治の自由を求めて民主化運動を起こすと、鄧小平は何のためらいもなく、天安門広場で戦車を出して死の弾圧に踏み切った。本来ならば、この時点で、アメリカは中国共産党の本性をわかって然るべきだったと思います。

藤井　アメリカは「民主社会へ穏やかに移行する」ために鄧小平が改革開放をやっているわけではない、と悟るべきだった。

石平　天安門事件はそれを示す象徴的な事件です。ところが、アメリカは中国に対する「幻想」にとらわれたままでした。当時、パパ・ブッシュの政権が、一応、制裁を課したけれど、その最中に密使を派遣して、「われわれは中国と全面対決するつもりはない」と伝えています。それで鄧小平は安心したし、中国共産党は「国内でどんな無茶なことをやっても、絶対にアメリカは中国と対決の道を選ばない」という経験則を身につけました。要はアメリカ恐れるに足りずと、なめて見るようになった。

藤井　悔いても余りある誤断でした。

石平　もっとも、天安門事件後の中国はまだ国力が弱かった。そこで、鄧小平は二つの戦略を示唆(しさ)しました。一つは、いわゆる「韜光養晦(とうこうようかい)」戦略です。実力がまだないから、野心・野望を覆い隠して欧米諸国と仲良くやり、技術・資金を導入する。

藤井　西側諸国を懐柔して、まずは国力を養おうというわけです。

石平　もう一つは、「市場経済化」推進です。一九八〇年代の中国は基本的に国有企業中心の経済で、市場経済の占める割合は非常に小さかったのですが、鄧小平は一九九二年の「南巡講話」(注1)で、外資導入による経済建設を推進すると力説し、本格的な市場経済化に踏み切ります。では、なぜ市場経済なのか。

藤井　経済力を高めるためでしょう。

石平　それはそうなんですが、隠された目的が一つあったんです。それは国内的な天安門事件の後遺症を克服することです。

藤井　どういうことですか。

石平　天安門事件で、知識人たちも若者たちも、みんな、中国共産党の敵になりました。彼らを懐柔するために、まずは市場経済化を進めることによって、知識人たちや若者たちに金儲けのチャンスを与え、その代わりに「二度と中国共産党に反抗するな」という、一種の「悪魔の契約」を提示したんですよ。

藤井　なるほどね。

石平　鄧小平のこの戦略はまんまと成功し、南巡講話以来、中国は高度成長を急速に進めて、経済大国になっていく。そして、アメリカも日本も天安門事件を忘れてしまった。

藤井　当時、自由世界の中で、一番愚かだったのは日本です。中国からの執拗な天皇陛下の訪中（一九九二年）の要請に応じてしまい、一番最初に対中包囲網を解いてしまった。天皇陛下が中国に行かれるということは、日本外交における最高かつ最後のカードでしょう。二度と悪い関係にならないことを確認したうえで、天皇陛下の訪中を容認しなければいけない。しかし、対中包囲網の瓦解のために、天皇訪中が悪用されてしまった。あれは日本の外交が責められてもしょうがない。

石平　余談ですが、天皇陛下の訪中で中国が封鎖網を打破し、国際社会に復帰した後、クリントン政権のときにアメリカと良好な関係になりましたね。そこで中国は何をやったか。「恩人」である日本を叩いたんです。

中国はアメリカとうまくいかなくなると日本をヨイショして、アメリカといい関係をつくったときは容赦なく日本を叩く。あとで話が出ると思いますが、安倍首相はこの点に気をつけなければなりません。

それはそれとして、アメリカは中国の本性を見誤り、市場経済化する中国に参入します。また、大いに中国からの留学生を受け入れ、アメリカで中国人留学生が増えました。彼らが民主主義の理念を中国に持ち帰って、民主主義の国になることをアメリカは期待したんですね。

藤井　その通りです。しかも彼らは中国共産党の工作員に過ぎなかった。

石平　気がついたら、結果は真逆でした。中国人留学生たちは中国共産党の命令下で、自分たちの価値観をアメリカに押し付けるようになった。まんまと鄧小平の「韜光養晦」戦略に騙されたんです。孔子学院という中共のプロパガンダ機関が自由世界のいろんな大学などに設置もされた。

藤井　民主的な価値観を持ち帰るのではなく、機密情報や知財を盗んで帰るスパイ学生が頻出してしまった。日本やアメリカだけでなく、チャイナは世界中に中国人留学生を派遣しています。彼らの中には現地に浸透し、果てはその国の技術を盗んでいく者が多い。

その内幕は、ピュリッツアー賞記者のダニエル・ゴールデンの『盗まれる大学――中国スパイと機密漏洩』（原書房）に詳細に綴られています。孔子学院を設立し、大量の留学生をアメリカの大学に送り込み、彼らがアメリカで就職すれば、工作員として人脈を広げ、研究者に接近し、高額の金でスカウトをしたり……。ありとあらゆる手を使っています。

石平　そのあたりのあくどい中国の盗人のやり口はペンス演説でも指摘され批判されていましたね。

注1：南巡講話　一九九二年に鄧小平が中国南部の武漢、深圳、珠海、上海などを視察して発表した声明。外資導入による経済建設を大胆に推し進めることを謳った。

習近平は「アメリカの夢」を丹念に潰してきた

石平　もう一つ、アメリカが騙された大問題があります。

鄧小平時代以降、江沢民（注1）政権にしても、胡錦濤政権（注2）にしても、共産党一党独裁は絶対堅持ですが、天安門事件のあと、鄧小平は「指導者の定期的交代制」と「集団的指導体制」を導入しました。

中国共産党の最上層部である政治局常務委員（注3）は、五人とか、七人とか、人数はその時々で違っても、大事なことはそこで相談して決める。毛沢東という個人独裁者の暴走が大きな災厄（「大躍進」「文化大革命」）を中国にもたらした反省から、暴走する独裁者が出ないようにしたわけです。だから、江沢民も結局、独裁者になれなかったし、胡錦濤などは独裁者どころか、ちゃんとした指導者にもなれなかった。胡錦濤政権では、下の政治局常務委員がそれぞれ、やりたい放題にやっていましたから。

藤井　二〇〇八年には、あの偽善的な北京オリンピックも開かれて、チャイナの対外プロパガンダは成功しつつあった。

石平　もっとも、その時期にチベット弾圧なども中共はやっていたのですが、自由世界の多くは、見て見ぬフリをしてしまいました。それでも、そういう多少の改善もあって、中国にも信仰の自由が少しは認められてキリスト教も広まったし、中国共産党が人権を守る運動に寛容な態度を取るようになりました。胡錦濤政権時代まで、アメリカは中国がなんとか期待のぎりぎりの範囲内で思惑どおりになったと考えていたでしょう。

藤井　そうかも知れません。

石平　しかし、これは致命的とも言える誤解でした。もし胡錦濤政権のような政権が、あと十年続いたら、おそらくアメリカはまだ夢の中にいたかもしれません。そうなったら大変でした。中国がさらに国力を増大し、さらに強くなっていく。

藤井　それこそ手に負えなくなったでしょうね。ところが、習近平が登場して、流れが大きく変わった。

石平　そう、歴史にとって幸いだったのは、二〇一二年に習近平が共産党のトップになったことです。「ペンス演説」という宣戦布告にしても、アメリカが一方的にやっているわけでなく、ある意味では習近平政権が引き出したんです。自業自得、因果応報！

藤井　そう。その意味で習近平の登場は僥倖でしたね。南シナ海に軍事拠点をつくったり、一帯一路（注4）やＡＩＩＢ（注5）という帝国主義的な経済搾取政策を打ち出したりしたから、さすがにアメリカも気づくことになった。

石平　習近平が中国共産党のトップになってから、米中関係に関して彼がやったことを一言で言えば、「アメリカの夢」を潰したに尽きますよ（笑）。清朝の時代からアメリカが中国に対して抱いた夢、幻想を、一つひとつ、丹念に力強く確実に潰していったんです。

藤井 偉大な指導者だ（笑）。

石平 まず、中国が民主主義の国になるという期待を完全に潰しました。それから、アメリカの覇権に挑戦することによって、米中友好が維持されていくことへの期待も潰した。二〇一四年、アジアの安全保障に関する「アジア信頼醸成措置会議」（CICA）が上海で開かれましたが、ここで習近平自らが「アジアの新安全観」というコンセプトを持ち出し、「アジアの安全はアジア人自身が守る」と言った。それが何を意味するかは、誰でもわかる。

藤井 「アメリカはアジアから出ていけ。アジアは俺たちが仕切る」ということでしょう。

石平 あの「アジアの新安全観」演説は、おそらくアメリカを覚醒させる演説だったと思います。だから、ペンスは中国の野心を見抜き、「中国は、米国を西太平洋から追い出し、米国が同盟国の救援に訪れるのを阻止しようとして試みている。だが、米海軍は国益が要求するところであればどこでも作戦行動を続ける。我々は中国に威圧されたり撤退したりすることはない」と言ったのでしょう。

藤井　「アジアの新安全観」演説は、チャイナの要人が繰り返し、公の場で発言してきたことです。彼らはオバマに対してもトランプに対しても、「太平洋は大きいから、米中両国で分けよう」と言ってきました。

石平　東太平洋はアメリカ、西太平洋は「中国の海」にしたい。この「太平洋の二分化政策」という戦略目標を達成する前に、野心を堂々と宣言したことに驚かされます。それは鄧小平の「韜光養晦」戦略を完全に捨てたということでもあるのですが、習近平は本当にバカです。やるならば、黙ってやればいいのに……。

藤井　習近平は鄧小平のように野心を隠せない。全部、本音を言ってしまうんですね。

石平　習近平はもう一つ、「鄧小平路線」を捨てました。それが先ほど挙げた「指導者の定期的交代制」と「集団的指導体制」です。

ご存知のように、習近平はこの五、六年の間に、「腐敗撲滅運動」を武器に利用して政敵を叩き潰してきました。同時に、中国共産党の幹部に恫喝を掛けて、自分の独裁体制をつくり上げたんです。中国共産党の「一党独裁」でありながらも、「集団指導体制」で穏やかにやっているように見えた時代は胡錦濤政権で終わり、いまは「個人独裁」になっている。

藤井 これは見過ごせない問題です。アメリカで親中派が減っている理由の一つがその「個人独裁」の復活です。

石平 特にアメリカの国防において、そこは重要だろうと思います。というのは、集団指導体制下では簡単に戦争ができない。一番危険なのは、ヒトラーのような一人の独裁者がすべて決める体制です。だから、習近平の独裁体制はアメリカにとっても由々しき事態だと捉える必要があります。もちろん日本にとってもです。

注1：江沢民 中国の政治家。鄧小平の後継者として、一九八九年に中国共産党中央委員会総書記、一九九三年に中華人民共和国主席となった。上海市長と上海市共産党書記を務めたときの部下を中央に引っ張り、上海閥をつくって君臨。引退後も自派閥を通して影響力を発揮した。

注2：胡錦濤 中国の政治家。江沢民の後継者として中国共産党中央委員会総書記、中国共産党中央軍事委員会主席、中華人民共和国主席を務めた。二〇一二年に総書記、二〇

一三年に国家主席を習近平に譲って引退した。

注3：中国共産党中央政治局常務委員　党が国家を指導する中国で、事実上の最高指導部を構成するメンバー。胡錦濤時代は江沢民時代の七人から九人に増え、習近平時代に入って、七人に減った。

注4：一路一帯　二〇一四年十一月に、中国の習近平国家主席が提唱した経済圏構想。近年は途上国が過大な債務を背負わされていることを問題視する見方が強まり、「債務トラップ外交」と批判されている。スリランカが南部につくった港の港湾運営権を九十九年間、中国企業に譲渡するなど、二十世紀の帝国主義を彷彿とさせる事案も生じ、マレーシアが鉄道建設を凍結するなど、見直す動きが広がっている。

注5：AIIB　アジアインフラ投資銀行の略称。国際開発金融機関として、中国が二〇一三年に提唱し、二〇一五年に発足した。本部は北京に置かれ、創設メンバーは五十七カ国、二〇一八年の第三回年次総会でレバノンの加盟が承認されて、加盟国は八十七カ国となった。チャイナが新帝国主義政策を進めるための組織。

中国は「コソ泥」から「凶悪な強盗」に「進化」した

藤井　内政から国際戦略まで、中国に対するアメリカ（や日本）の期待はすべてと言っていいほど裏切られましたね。

石平　いまや中国は、経済が成長すればするほど、その力が独裁権力に悪用されて帝国主義化していくというコースを進んでいます。

わかりやすい言葉で言えば、中国は「コソ泥」から「凶悪な強盗」に「進化」した。昔の力が弱かった時代はただのコソ泥。今は自分が強盗であることを隠さない、堂々たる強盗犯です。東シナ海支配は無論のこと、台湾に対する威圧的な態度も強盗そのものですよ。ヤクザといってもいいのかもしれない（笑）。

藤井　日本のヤクザがかわいそうだ（笑）。

石平　習近平がやっている「一帯一路」にしても、いろいろな国を借金漬けにして、返せなければ実質的に支配し、国際社会でアメリカの影響力を潰そうとしているわけでしょう。そして、その「手」はアフリカ、中南米まで伸びている。

藤井 チャイナが「金銭外交」をできるのは、外貨、特に米ドルをたくさん持っていたからです。

石平 その外貨はどこから稼いでいるか。貿易黒字の六割がアメリカです。

藤井 アメリカとの貿易で、ドルを蓄えてきたのです。

石平 要するに、アメリカから稼いだお金の力で、アメリカを潰そうとしている。アメリカにしてみれば、「俺たちは何というバカだったのか」ということになる。これが「ペンス演説」で語られたアメリカの痛恨の反省でしょう。

藤井 まさに「痛恨の三十年」でした。

石平 アメリカにとっての「最悪最強の敵」を、アメリカ自身がつくったわけです。しかし、チャイナに対する間違った認識を根本的に反省し、「二度とそんなバカなことをやらないぞ」と宣言したのが、「ペンス演説」だったと思います。

藤井 同感です。

石平 アメリカにそういう宣言をさせたアメリカ側の功労者がトランプであり、中国側の最大の功労者が習近平です。

藤井　そう。習近平がアメリカを目覚めさせたんです。やっぱり彼はやってくれますね（笑）。

石平　そういう意味では偉い（笑）。もし先見性のある深慮遠謀の指導者だったら、あと十年間は「韜光養晦」しますよ。そうなると、アメリカが目覚めたときは、遅きに失するところだった。

藤井　そう、遅すぎます。

石平　今でも多少遅いきらいがあるけれど、幸い、やっとアメリカが中国の実態を理解した。十九世紀の後半、清国が「眠れる獅子」と言われました。しかし、二十世紀の後半から二十一世紀初めにかけては、アメリカが「眠れる獅子」でした。しかし、習近平の失策がアメリカという獅子を目覚めさせた。その意味では、「習近平、万歳！」「習近平、謝謝！」と叫びたいくらいです（笑）。

トランプを甘く見て「上から目線」で対応した習近平

石平　習近平が「ペンス演説」の全文を読んだら気がつくかもしれないけれど、これまで彼は、自分がアメリカを目覚めさせ、米中関係を友好から敵対に変えてきたという自覚がまったくありませんでした。むしろ、すべて自分の思惑どおりに動いていると信じていたように思います。ただ、彼がそんな錯覚をしてしまったのは無理もない。例えば、オバマ大統領が、対中「リバランス（再均衡）政策」（世界戦略を見直して、その重心をアジア・太平洋地域に移そうとする軍事・外交上の政策）も提唱したけれど、全体としてみれば優柔不断だった。

藤井　結局、何もしなかったに等しいですね。

石平　習近平からすれば、やりたい放題だったので、思惑通りにいっていると思っても仕方がない。別に習近平を弁護するつもりはありませんが（笑）。

それでも、トランプが大統領になったとき、習近平には多少の警戒感があったんです。しかし、二つのことで、警戒感が途切れた。

一つは、周辺の人たちがみんな、「トランプは商売人だ。トランプとその家族に利益を供与すれば、簡単にまるめこめる」という発想だったこと。これは中国国内の腐敗官僚の論理であり、単細胞的な政治闘争の原理です。

藤井　トランプ一族に「餌」をやれば、なびくと思っていた。

石平　それでトランプを甘く見たんです。もう一つは、中国人がアメリカ人というものをよくわかっていなかったことです。これは藤井先生にお聞きしたいのですが、経済利益を考え、国益を考えるのは何処の国の政治家も当然だとしても、アメリカという国を最後に動かすものは「理念」、あるいは昔のキリスト教宣教師がもっていた「使命感」ではないですか。

藤井　そう、理念というものは大きい。アメリカでは「理念」が建前ではなく、本当の力になる。それがないと、あの国はまとまっていけないんですよ。移民の国ですから。

石平　アメリカが中国に対して幻想を抱いて、本当のことをわからなかったとすれば、実は中国も「理念に大きな力がある」というアメリカの本質をわかっていなかったというべきでしょう。いわゆる共産主義者特有の「唯物主義」で、あるいはマルクスの「資本論」の概念で、彼らは考える。つまり、「所詮、アメリカは資本家の国であり、資本家は経済利益がすべてだ。それ以外に何もないから、経済利益で取り込めばいい」。

藤井 そうだとすれば、確かにアメリカの本質を見抜いていなかったというしかない。

石平 トランプが対中貿易戦争を発動するまで、習近平は利益誘導ですべての問題が解決できると考えていた。同時に、自分たちは優位に立っているとも考えた。だから、二〇一七年十一月にトランプが訪中したとき、習近平は愚かなことをやってしまうんです。

藤井 何をやったのですか。

石平 北京に来たトランプを、紫禁城へ招待したでしょう。あれは厚遇したのではなく、トランプを見下ろす行為です。つまり、俺は中国の皇帝だ。あなたたちは……。

藤井 朝貢に来た外国の使節ということですね。

石平 そうです。いくらトランプに歴史知識がなくても、「紫禁城は中国皇帝の住まいだった」と周辺が必ず教えたでしょう。しかし習近平はトランプを皇帝の玉座へまで案内して、「ここに中国皇帝が座っていたとき、アメリカという国はまだなかった」と言わんばかりの態度でした。

藤井 おい、習よ、お前、このトランプ様に対して、やけに「上から目線だな」と（笑）。そもそも紫禁城は明清両朝の宮殿ですが、清朝は満洲人の征服王朝であり漢民族の王朝ではありません。清朝皇帝の王座に座っていたのは外国人だったのです（笑）。

石平 そんなことをやっていたのだから、アメリカの中国に対する考え方が根本的に変わったことなど、気がついていなかったと思います。

藤井 なるほどね。

石平 習近平が気がつけなかったのは、二つの理由があります。

一つは、本人がバカだから。それはしょうがない（笑）。もう一つの理由は独裁体制だからです。あまりにも習近平中心の独裁体制ができあがったために、周囲の人はみんな、イエスマンになった。だから、彼に正しい情報を伝える人はほとんどいない。言ってみれば「裸の王様」です。これが一九四九年から始まった七十年近く続いた共産党一党独裁政権の成れの果てというべき惨状なのです。

第二章

トランプ再選は中国にとって最悪のシナリオ

なれど、自由世界にとっては最善の選択

中間選挙の結果で打撃を受けたのはトランプではなく習近平

石平　中国はアメリカの中間選挙（二〇一八年十一月）で、トランプ大統領の与党（共和党）が、上下両院で過半数を割ることを期待していましたが、実現しませんでしたね。

藤井　上院は共和党が過半数を、下院は民主党が過半数を取りました。

石平　一勝一敗。負けた下院でも、二百議席を共和党は確保した。まずまずの結果だったといえますね。トランプ大統領は「大成功だ」と言っていましたが、その真意はどこにありますか。

藤井　負け惜しみや虚勢ではないと思います。確かに下院でも共和党が過半数を取りたかった。でも、二年後の大統領選まで見渡すと、今回の中間選挙は、民主党が敗れたと言っても過言ではありません。

石平　なぜですか。

藤井　上院では、共和党は、過半数（五十）を上回る五十三議席を確保しました。この結果はあからじめ予想されていたから、民主党は下院選挙に資金やエネルギーを注いでいたのです。結果、過半数の二百十八議席以上を獲得することができた。でも、本来であれば共和党に五十議席以上の差をつけて、トランプ政権に大打撃を与えたかったのです。それが、わずか三十議席程度しか上回れなかった(二三四対二〇〇。十一月下旬、未確定一議席)。

石平　アメリカの議員は、日本みたいな「党議党束」がなくて、法案に対しては自由意思で投票することが多い。民主党内でも、保守的な州出身の議員もいますから、十数人が「トランプ・デモクラット」になって、トランプの政策に関する法案に賛成票を投じたら、選挙前とあまり変わりませんよね。

藤井　レーガン時代は、上下とも共和党は過半数割れの時が多くて、「レーガン・デモクラット」という民主党議員でレーガンを支持する議員がいて、なんとか政権運営ができました。ですから、民主党にとっては今回の下院での結果は不十分な勝利でした。同時に州知事選が行われましたが、フロリダ州やオハイオ州など、人口が多くて大統領選挙で選挙人の多い、キーポイントとなるところは、激戦の末、共和党が勝利を収めました。

石平　となると、二年後の大統領選が楽しみですね。

藤井　トランプ再選の確率が高くなりました。これまでの中間選挙の結果を見ると、多くの場合、新大統領を出している与党側が大きく敗北しています。大統領就任二年後の中間選挙では、レーガンは下院では二十六議席、クリントンは五十三議席、オバマに至っては六十三議席も減らしていますからね。

なぜかといえば、華々しい公約を掲げて大統領に当選したものの、なかなか公約実現とならず、有権者が失望して、反対の党に投票することが多いからです。

石平　アメリカ的な、バランスを取る民主政治のあり方だと言えますね。

藤井　ただ、就任二年目の中間選挙で負けながらも、レーガン、クリントン、オバマ……、みな二期目も当選しています。だから、上院で勝利をし下院でも大敗しなかったトランプは余裕をもって再選される可能性が高い。

石平　そういう客観的な事実分析もできない日本の一部新聞は、十一月八日付けで、「トランプ政権に打撃」（毎日）とかはしゃいでいましたね。

藤井　打撃を受けたのは、トランプ政権ではなくて、習近平のほうですよ（笑）。上下両院で負けてくれることを祈っていたのに、そうならなかったのだから。

「アベノセイダーズ」と「トランプノセイダーズ」の日米合唱の輪

石平　共和党の選挙戦略はどう見ていますか。

藤井　経済を前面に押し出して戦っていましたね。実際にアメリカ経済が好調であることを示す数字は各種出ています。二〇一八年十月の経済統計を見ると、失業率は三・七%と、一九六九年の数字と同じで、四十九年ぶりの低さです。一九六九年と言えば、ベトナム戦争中でしたが、第一次オイルショック前で、アメリカの黄金時代でした。

石平　そんな時代と同じ数字を示しているわけですか。

藤井　黒人とヒスパニックの失業率も史上最低です。前年度の同月比で見ると、平均賃金は三・一%も上がっています。これも十年ぶりの水準です。

石平　十年前というと、リーマンショックが二〇〇八年にありましたよね。

藤井　リーマン・ショックの直前の好況時の数字と、今の平均賃金上昇率は同じなわけです。トランプ政権は、経済政策が良好な結果を出している中で、選挙戦を戦った。

一方、民主党は反トランプ色を前面に出し、「トランプは人種差別主義者だ」「アメリカを分断している」「女性を下に見ている」「反LBGTだ」という批判の一辺倒だった。目玉となる政策がなかったのです。

石平　ある意味で、日本の「反安倍」を叫ぶ「アベノセイダーズ」といった人たちと似ていますね。「トランプノセイダーズ」(笑)。

藤井　おっしゃる通り。トランプと安倍さんは、運命的に結ばれているようなところがありますね。

それと、もう一つ。今回の民主党の辛勝を支えたのは圧倒的な資金力だったということです。TVの政治コマーシャルなどもふんだんにやっていた。最近の民主党は金権政党ですから。

石平　気になるのは、今後のトランプの政権運営ですよ。

藤井　下院情報特別委員会のメンバーの一人に、アダム・シフという民主党議員がいます。ユダヤ系ですが、極左リベラルで反トランプのためなら何でもするという人物。選挙のときも、トランプの「ロシアゲート」疑惑を盛んに口にしていました。

ＦＢＩと司法省の幹部、ヒラリー・クリントン陣営が一体となって、存在もしないロシアゲート疑惑を作り上げてきたわけですが、シフは下院情報特別委員会の委員長となり、トランプを攻めてくるでしょう。

石平　そう言えば、ＣＮＮの記者がトランプ大統領にロシアゲート疑惑についてしつこく質問をし、記者証を取り上げられましたね。

藤井　ＣＮＮは民主党にべったりですから（笑）。

それ以外にも、マキシン・ウォーターズという八十歳の黒人女性議員は、金融サービス委員会の委員長に就任する予定です。彼女は言ってみれば社会主義者です。これは大変です。

石平　下院では、トランプさんもちょっと足を引っぱられそうですね。

藤井　ええ、この選挙で民主党側は、下院で強硬なリベラル派が多く当選しましたしね。特に注目すべき当選者は、二人の女性イスラム教徒、ラシダ・トレイブ氏（ミシガン州）とイルハン・オマール氏（ミネソタ州）です。要するに「反トランプ」色がとても濃厚です。

一方で、トランプは、選挙開票直後に、司法長官のジェフ・セッションズを解任し、マシュー・ホワイテカーを司法長官代理に任命しました。司法省の方は手を打って「反トランプ」派を粛清したので、スムーズに運ぶと思います。長官の任命権も上院が握っていますから、下院は関係ない。

民主党も「アンチ・チャイナ」路線になった

石平　トランプ大統領の弾劾措置はこれから先、どうでしょう。

藤井　民主党は下院で手続きを始めると思います。でも、絶対に通ることはありません。なぜなら上院の三分の二の賛成が必要ですから。

石平　上院は、過半数を共和党が取っていますから安心ですね。

藤井　じゃあ、なんで弾劾手続きをするかと言えば、単なる嫌がらせ。下院は予算の審議権が優先的にありますから、予算を人質にして、さまざまな法律を通りにくくさせるでしょう。

石平　あとは福祉や社会保障の面でもドンパチがありそうですね。

藤井　ですが、外交問題は上院に優先権がありますから、今後も、共和党中心で進めていくことになります。対中包囲網や北朝鮮問題などの外交政策は根本的に変化しないでしょう。

もちろん、下院にも外交委員会があるから嫌がらせはしてくるはず。でも、その権限は非常に限られています。

石平　中間選挙の結果が、トランプ政権の対中強硬政策に陰を落とさなければいいなと思っていたので、まずはひと安心しました。

それに民主党もトランプ大統領に負けないくらい、中国に対して危機意識を持っている。下院議長になるナンシー・ペロシ氏なんて、トランプ大統領より筋金入りのアンチ・チャイナでしょう（笑）。

藤井　彼女も「対中政策は厳しくやっていく」とハッキリ言っています。

石平　となると、今後のトランプ政権の対中政策は、さらに強硬策になりませんか。逆説的に、下院の顔色をうかがって、妥協案を打てなくなるのでは?

藤井　そうなると思います。むしろ、トランプの対中政策を下院は妥協させないようにブレーキをかける役割を果たす可能性がある。トランプと習近平が会談して万が一、通商問題などで妥協しても、ウイグル問題はどうした云々と反論されて頓挫するなんてこともありうる。そうなれば、習近平にとっては、さらなる「打撃」となるでしょう。「民主党よ、お前もか!」と(笑)。

石平　なるほど。

藤井　チベットやウイグルの人権問題に関して、民主党のオバマ政権時代は何ら手を打ちませんでした。しかし、民主党は元来、人権問題に関して非常に敏感な議員が多い。

　これだけチャイナの人権弾圧が明るみになった今、中国共産党と安易な妥協をしていいのか、となってくるから、リベラルな人権派も無視できない存在だと思います。

民主党は「タマなし政党」になり、共和党は「トランプの党」になった

石平　そういう意味ではアメリカ政治はとても健全だと思います。それと比べて、日本のリベラルはただのニセモノに過ぎません。

藤井　チャイナの人権問題に関して、一切口を閉じていますからね。

石平　むしろ「人権、人権」と叫ぶ人たちは、中国シンパだったりする。

藤井　そういう意味で、日本の左派政党や左派マスコミはだらしがない。もっとも深刻だと思うのは、人材がいないことじゃないですか。

　アメリカもそうです。今回の民主党の候補者の顔ぶれを見ていて、スターがいないなと思いました。中間選挙で一番人気のあった応援者は、なんとバラク・オバマ（笑）。ついで奥さんのミシェル・オバマ。

石平　〝昔の名前で出ています〟ってやつですね。

藤井　そうなんですよ。ブッシュ（ジュニア）政権下での中間選挙のとき、実はオバ

マがスター議員として登場しました。それから大統領（候補）にのし上がっていった。でも、今回はそういう人物が民主党にはまったく見当たらない。テキサス州から上院議員に立候補していたベト・オローク候補は新星として期待されていましたが落選しました。彼はすごい金権候補だった。

石平　二年後の大統領選で、民主党にはいいタマが存在していないんですね。

藤井　しかし、議会で「反トランプ」の旗印でさまざまな嫌がらせをするでしょう。そうなると、さすがの有権者も嫌気が差して、人心が離反していく。民主党のせいで経済が停滞でもしたら、それこそ目も当てられません。だから、二〇二〇年の大統領選はトランプ有利と見ています。

さらに共和党内でもアンチ・グローバリズムの流れから、トランプ派が増えてきている。今回の中間選挙でも、この前の大統領予備選挙では対立候補者として敵対関係にもあったテッド・クルーズ上院議員などは完全にトランプの軍門に下り、トランプの応援のおかげでやっと当選できたのです。

石平　トランプの考え方に共感する共和党議員が多くなったわけだ。

藤井　そうです。上下両院で、反トランプ派のベテラン議員は一掃され、トランプ派を数多く当選させることに成功しています。レーガン革命以上にトランプ革命が起こっているのです。そして、その革命を支えるキーワードが「アメリカ・ファースト」です。

石平　中間選挙前の十一月一日、トランプ大統領は習近平と電話会談しましたよね。

新華社によると、トランプ大統領は「私は習主席との良好な関係を重視している。両国首脳が普段から直接意思を疎通することは非常に重要だ。私たちは普段から連絡を保つ必要がある。私はアルゼンチンでのG20サミット時に習主席と再び会談することを楽しみにしている。私たちはいくつかの重大な問題について踏み込んで議論することができる。双方が共に努力して、私たちの会談に向けて十分な準備を整えることを希望する。米側は中国との経済・貿易協力を重視している。引き続き対中輸出を拡大したい。両国の経済チームは意思疎通と協議を強化する必要がある。第一回中国国際輸入博覧会への米国企業の積極的な参加を支持する」と表明したとのこと。

一方、習近平は「中国側は中米関係について、すでに繰り返し原則的立場を明らかにしている。双方が私とトランプ大統領の重要な共通認識に従い、中米関係の健全で安定した発展を促進することを希望する。私はトランプ大統領との良好な関係も重視している。アルゼンチンでのG20サミットに出席した際にトランプ大統領と再び会談し、中米関係その他重大な問題について踏み込んだ意見交換をしたい。私たちは中米関係の健全で安定した発展、中米間の経済・貿易協力の拡大に対して、共に良い願いを抱いている。私たちはこうした願いを現実に変えるべく努力する必要がある」と表明したといいます。

さらに、習は「中米の経済・貿易協力の本質は互恵・ウィン・ウィンだ。過去しばらくの間、中米双方は経済・貿易分野でいくつか意見の相違が生じ、両国の関連産業と世界貿易は共に負の影響を受けている。これは中国側の望まぬ事だ。中国は近く第一回中国国際輸入博覧会を開催し、輸入の増加、開放の拡大という中国側の積極的な意向をはっきりと示す。多くの米国企業が積極的に参加することを嬉しく思う。中米双方には調整と協力を通じて経済・貿易分野の難題を解決した成功の前例もある。両国の経済チームは接触を強化し、双方の懸念する問題について協議し、中米間の経済・

貿易問題について双方共に受け入れ可能な案での合意を後押しをする必要がある」と指摘し、朝鮮半島情勢についても意見交換したと新華社は報じていました。

ペンス演説のあとに、こういうふうに習近平と電話会談したわけですから、ちょっと意外だなと思いました。

藤井　ただ、トランプは電話会談のあと、非常に前向きな話し合いだったと言いながら、全面否定するような談話も発しています。

つまり、ペンス演説と同じで、「妥協の余地はいつでもありますよ。チャイナ側が変わってくれれば、我々は手を差し伸べますよ」と言っているだけでしょう。

「藁」と化した徘徊老人・キッシンジャー

石平　なるほど。トランプの対中政策に対して、中国側が焦っていることは確かです。

中国国内の経済が崩壊寸前ですし、民間企業の経営者は絶望的な状況に追い込まれています。二〇一八年七月〜十月まで、中国国内の自動車販売数は毎月十数%ずつ落ちています。

藤井　それはひどい状況ですね。

石平　二〇一八年十一月七日、シンガポールで、第一回「ニュー・エコノミー・フォーラム」が開催されました。名誉議長は親中派でおなじみのヘンリー・キッシンジャー。中国は、習近平の盟友である王岐山副主席が参加しました。

藤井　王は、アメリカとのパイプが深い人物だと言われていますね。

石平　王岐山は「中国側はお互いの懸案事項について米国と協議し、双方にとって受け入れ可能な貿易を巡る解決策に向けて作業を進める用意がある」と演説しました。

それから十一月八日、中国外交のトップ、楊潔篪（ようけつち）がアメリカにわたり、ボルトン大統領補佐官と会談。「十一月末に実施される米中首脳会談に向けて、いい準備を進めていきたい」という内容が漏れ伝わっています。実はその裏で面白い動きがありました。同日に、キッシンジャーが北京に乗り込んだのです。

藤井　まだそういう元気があるんですね（笑）。

石平　まず王毅外相がキッシンジャーと会談しました。王毅は「現在の米中貿易を巡る対立は公正な対話を通じて、誠実に解決されるべきであって、しかも可能であると思う」と話したそうです。そして、さらに習近平がキッシンジャーに会った。

藤井　ついにヤクザの親分、真打ちの登場だ（笑）。

石平　そう！　習近平は「私はトランプ大統領と首脳会談を約束しており、我々は共に関心のある話を掘り下げて、意見交換ができる。アメリカが中国の発展を尊重し、中国に歩み寄り、関係改善を果たしたい」と。

藤井　キッシンジャーを通じて、チャイナの哀願メッセージをトランプに伝えたいのですね。

石平　一昔前の日本の情けない首相が、中国首脳との会談を切望していたような構図です。この一連の動きを見ていると、中国は非常に焦っていて、何とかして十一月末の米中首脳会談に最後の望みをかけていることがわかります。ポンペイオ米国務長官が十月に北京を訪問したとき、中国側で出てきたのが王毅外相のみで習近平は会わなかったのに、今回は習主席・王副主席から王毅外相まで「一家総出」の体制で、アメリカにラブコールを送っています。かなり追い詰められていますね。

藤井　でも、キッシンジャーなんて、今のアメリカ外交を動かせる力はまったくありませんよ。しかも、今回の北京訪問だって、トランプ大統領に頼まれて行ったわけでもない。

石平　それなのに習近平がノコノコ出てきて、キッシンジャーに藁をもつかむ思いでメッセージを託している。命乞いをしているようなものですよ。

面白いのが、『人民日報』によれば、会談後、キッシンジャーは「私はトランプ大統領と習近平主席の会談が順調に行われることを期待する」と述べたそうです（笑）。

藤井　ウラを返せば、キッシンジャーは何も出来ないということだ（苦笑）。

石平　トランプ大統領が完全に優位に立っていることが、白日の下に曝されたとも言えます。

藤井　キッシンジャーが頼みの綱になっている時点で、チャイナの立場が苦しいことを如実に示しています。アメリカ中の人間がキッシンジャーの正体を知っています。

ニクソン政権のとき、チャイナとパイプをつくり利権を握ることになった。それから中国共産党からお金をもらい、彼らに奉仕するロビイストになったのです。

キッシンジャーが何か言ったところで、親中派の老兵の一意見に過ぎないと無視されるだけ。

石平　その通り（笑）。もはや「徘徊老人」に頼ることはナンセンスですよ。

下手に妥協はしないトランプ

藤井　もはや外交のご意見番でも、政界のフィクサーでも何でもありません。キッシンジャーはトランプに隠然たる影響力があると評価する評論家もいますが、何の根拠もないし、ナンセンスです。

まあ、トランプからすると、習近平と拙速に会談する必要はまったくありませんから、習近平としては外堀を何とかして埋めていきたいんでしょう。

そもそも最初は十一月十八日に開催されるＡＰＥＣ（アジア太平洋経済協力会議）で米中会談が開催されるはずだった。

石平　ところが、トランプ大統領がＡＰＥＣ不参加を表明し、話が流れました。

そこで慌てて、十一月三十日からブエノスアイレスで開催されるG20で会食しようと設定した。ただ、会談といってもいろいろなやり方があります。雑談レベルだったり、原則論を話し合う内容だったり。一つ心配なのが、そこでトランプ大統領が下手な妥協しないかどうか。

藤井　チャイナ側が口先で何を約束しても、アメリカが経済制裁をすぐに緩めることはないと思います。たとえば、南沙諸島の軍事基地をすべて破壊して撤退する、もしくは新疆ウイグルの強制収容所を閉鎖する、良心の囚人は釈放する――そういった具体的な行動を起こせば、トランプも考えを改めるでしょうけど。

石平　北朝鮮と同じですね。やるべきことを先にやれ！

藤井　そう、核を完全に廃棄しない限り、経済制裁は続けるのと同じ。豊渓里（ブンゲリ）のような使えなくなった核実験場を放棄すると言ったところで、信用を勝ち取ることはできません。チャイナも実際に行動を起こすことで、アメリカとの妥協点を見出すほかないのです。

ここまできて、習近平も必死になっています。国際輸入博覧会を上海で開催し、海外の企業からの輸入を増やし、貿易黒字を減らそうとしているけど、この程度では、まったく手ぬるいですね。

石平　トランプ大統領は、中国に対する制裁関税のカードはまだ半分しか使っていません。しかも、二〇一八年九月二十四日に発動した中国の二千億ドル分の製品に対して、関税は一〇％に過ぎません。

二〇一九年一月には二五％に引き上げられる予定です。トランプ大統領には手持ちのカードが何枚もあって、中国側が目に見える形で大幅な譲歩をしない限り、制裁を粛々と進めると思いますね。

藤井　習近平は顔を青くしてトランプに会うしかないでしょうね。

石平　そんな「四面楚歌」の習近平だからこそ、日本にすがりついてきているわけでしょう。

大失政の日中スワップ協定の締結

藤井　先の日中首脳会談（二〇一八年十月）を見ると、日本側はチャイナに騙されているように見えます。三兆円規模の日中スワップ協定を結ぶことになった。産経新聞の田村秀男氏が、十月二十六日付け産経でこう指摘していました。

「日本との通貨スワップ協定は習政権にとってまさに干天の慈雨である。今回のスワップ規模は、沖縄県の尖閣諸島をめぐる日中関係悪化を受けて2013年に失効した旧協定の10倍、3兆円規模に上る。中央銀行同士が通貨を交換し合う通貨スワップ協定の実相は、金融市場が脆弱な国が緊急時に自国通貨を買い支えるための外貨確保手段である。中国が誇る世界最大、3・1兆ドル（約348兆円）の外貨準備は対外負債を差し引くと実質マイナスで、張り子の虎同然だ。そこに米国が貿易制裁で追い打ちをかけるので中国市場不安は募る」

「日本の対中金融協力は米国の対中貿易制裁の効果を薄める。トランプ米大統領には中国の対米黒字を年間で2千億ドル減らし、黒字が年間1千億ドルに満たない中国の国際収支を赤字に転落させる狙いがある。流入するドルを担保に元を発行する中国の金融システムを直撃するのだが、日本はドルとただちに交換できる円を対中供給する」

「中国市場の拡大に貢献すれば日本の企業や経済全体のプラスになる、という『日中友好』時代はとっくに終わった。今は、中国のマネーパワーが軍事と結びついて日本、アジア、さらに米国の脅威となっている。トランプ政権が前政権までの対中融和策を捨て、膨張する中国の封じ込めに転じたのは当然で、経済、安全保障を含め日本やアジアの利益にもかなうはずだ。だが、通貨スワップなど、予想される一連の日中合意はそれに逆行するばかりではない。日米首脳間の信頼関係にも響きかねないのだ」

藤井　まったくその通りですよ。アメリカにも共和党の中にキッシンジャーのような親中派がいるように、自民党内にも二階俊博という大物議員の親中派がいます。また、連立を組んでいる公明党も親中派。自民党親中派の後押しによって、安倍さんが自民党総裁の三選できたのも事実ですから、顔を立てようとしたのかもしれません。消費増税問題でやり取りしている財務省にもなぜか親中派が多い。

しかし、アメリカはチャイナからドルを吸い上げて、人民元を暴落させようとさまざまな手を打っている折も折なんですからね。

石平　そんな中で三兆円規模のスワップ協定なんておかしいでしょう。

藤井　敵に塩を送ることになります。失政です。

石平　とはいえ、隣家がヤクザの親分の家でも、そこが火事になったら、こちらも焼け移るかもしれないから、万が一のためにやるんだという声もある。「村八分」にされた人でも、火事と葬式の時には助けるという伝統が日本にはあるからと（苦笑）。

ともあれ、さらに、両国共同で低開発国に投資することも決めました。安倍さんに言わせると、企業間のことであって、政府は関与しないと。でも、フォーラムの署名式に安倍さんは立ち会っています。

要するに日本政府は後押ししていることを示してしまった。今更ながら中国の「一帯一路」に手を貸すなんて、愚策の中の愚策ですよ。

藤井　欧米から疑惑の目で見られるだけです。

石平　下手すると、日米同盟にも亀裂が入りかねません。

藤井　日米を離反させ、楔（くさび）を打ち込むことが、チャイナの一番やりたいことですからね。

石平　その通り！

日本は、関ケ原の小早川秀秋のようになってはいけない

藤井　米中の貿易戦争は、今まで述べてきたように、単なる貿易摩擦の問題ではなく、世界の覇権争いなんです。天下分け目の戦いを繰り広げているときに、日本が敵陣営であるチャイナに少しでも通じたら、それは裏切り者の誹（そし）りは免れません。

石平　日本は、関ケ原の小早川秀秋のようになってはいけません。彼は豊臣側だった

のに、決戦で、どちらにつくか迷った挙句、結局豊臣家を裏切り、徳川家について優柔不断を責められたことがあった。

前出の知日派でもある米国のアーミテージ国務副長官が同時多発テロに対抗するために、柳井駐米大使(当時)に「ショー・ザ・フラッグ(日の丸を見せろ)」と発言したことがありましたよね。旗幟鮮明にしろと。テロと戦うのか戦わないのかと、踏み絵を迫った。それで、日本は、「テロ対策特別措置法案」を立案、可決させて、直接的な軍事支援はできなくても、物資の補給や輸送、非戦闘地域での医療活動などにおける自衛隊の後方支援はするようになった。同じことがこれから起きてくることになるでしょうね。米中貿易戦争に関しても、日本は中途半端な態度を取るべきではない。下手に米中両国の仲介をできると考えるべきでもないでしょう。

藤井 ただ、日中首脳会談に於ける安倍首相の動きを見てみると、評価できる点もいくつかあります。会談初日、李克強首相とのレセプションで安倍さんは「日中平和友好条約で定めた三原則がある。これに従って日本はやってきた。今後もこの方針で日中友好を続けていきたい」と述べています。

三原則とは、①恒久的な平和友好関係、②紛争は平和的に解決、③覇権を求めない――です。でも、この三原則は、中国共産党が裏切っている原則ばかり（笑）。

石平　その通りだ（笑）。

藤井　友好関係を築きたくないことを暗にほのめかした、巧みな「外交辞令」ではないですか。

もう一つ、安倍さんは低開発国への援助などに関しても、「一帯一路」という言葉は一切使いませんでした。それは立派。

石平　たしかにそうでしたね。

藤井　財界や経済関係者も、この点で、中国に呪縛されないように心がけるべきでしょう。この間、地方に講演に行ったとき、チャイナに進出している企業の方が、私のもとに来ました。「何をつくっているのか」と聞いたら、「監視カメラだ」と言う。

石平　ああ、それはヤバいですよ。

藤井　「ウイグルなど人権弾圧している最先端の場所で、御社の監視カメラが使われている可能性が高いですよ、そうなると、近い将来、アメリカの制裁を受け、ドルのやり取りができなくなるかもしれませんよ」と注意を喚起しましたよ。

以前、東芝機械が、ココム違反をしてまで、ソ連海軍の攻撃型原子力潜水艦のスクリュー静粛性向上に貢献するような機械類を輸出したことがあった。その事実が発覚して、社長の辞任騒動にもなり親会社の東芝までアメリカでは叩かれた。実際、ホワイトハウスの前でアメリカの議員が、東芝製のラジカセやTVをハンマーで壊すパフォーマンスまで見せたことがありましたよね。

石平 アメリカの議員が、日本製の監視カメラを、ケシカランといってハンマーで叩き潰す光景がいまから目に浮かんできますよ（笑）。

藤井 こういう不用意な日本企業がたくさんチャイナに進出しているわけですから早く撤退したほうが無難です。

でも、日本政府の態度としては、個別の企業の「自己責任」にしているわけです。ちょっとずるいですけどね。

石平 お話を聞けば聞くほど、日本の〝揺らぎ〟が心配になりますよ。米中が長期的な冷戦状態に入っているのです。そこを日本はしっかり認識しないと、日本の将来は大変危ういですね。安倍首相の任期もあと三年……。安倍さんはなんだかんだと言ってもまだ大丈夫でしょうが、そのあとが心配ですね。

第三章

トランプは、ソ連を打倒した「レーガンの栄光」を目指す

習近平は鄧小平にも毛沢東にもなれない

毛沢東のほうが米中関係の正常化を望んでいた

藤井　いままでの話を受けて言いますと、一九七二年のニクソン訪中後、アメリカと中国は急接近しました。あの時期になぜ、アメリカはチャイナとの関係改善に動いたのか。当時はチャイナとて、改革開放も何もない、文革による混乱も続いていた時だったんですよ。

石平　そうですね。

藤井　これまでに言われてきたのは、アメリカにとって、当時、ソ連が不倶戴天の敵だから、これをやっつけるために、チャイナをこちら側に引き寄せようとした。ところが、最近、アメリカには別の思惑があったことがわかってきました。

石平　どういう思惑があったのですか。

藤井　ベトナム戦争という泥沼から足を抜き、一方でアジアを安定化しようと目論んだんです。アメリカ軍が南ベトナムから撤退するのはいいとして、問題は北ベトナムが南を飲み込んでしまうことでした。そこで、アジアにおける共産主義革命の発信地である北京とうまく取引すれば、アメリカが南ベトナムから引いても、共産主義は広がらないだろう――これも大間違いの幻想です――と考え、チャイナと手を結んだわけです。正式な米中国交樹立は一九七九年だけれど、実際上は七二年から米中は正常化したも同然でした。

石平　なるほど。

藤井　その通りですが、アメリカの目論見通りに事は運ばなかった。なぜか。ベトナムとチャイナはそもそも歴史的に仲が悪く、中国共産党がベトナム労働党を指揮する力はなかったからです。しかも、北ベトナムのホーチミン（注1）からすれば、南ベトナムを「解放」し、南北統一国家を作ることが最大の使命だった。結局、アメリカがチャイナに働きかけたのに、北ベトナムはパリ和平協定を無視して、南ベトナムに攻め込み、サイゴンを一九七五年四月に陥落させて南ベトナムは崩壊してしまった。たった二年間しか、アメリカは時間を買えなかったわけです。

石平　でも、一九九一年にソ連が崩壊したとき、「中国と手を組んだのはソ連を潰すためだから、これからは中国に対する政策を変えます。ソ連崩壊の次は中共を崩壊させます」と、アメリカが態度を変えても良かったんですよね。

藤井 その通りですが、それができなかった。日本にしてもそうですが、前述したようにチャイナへの幻想を持っていたことが最大の原因です。ただ、チャイナもうまかった。

米中の交渉でキッシンジャーが活躍したことは有名だから、米中接近は、アメリカ側から働きかけたと思っている人も多いでしょう。しかし、実は違っていた。毛沢東の側から何回も「コンタクトしたい」と、アメリカに手紙を出していたことが、最近わかってきました。当時、チャイナは文革で国内は大混乱し、中ソ論争でソ連ともケンカし、それこそどこにも出口がないところまで追い込まれていた。なんとかしなくてはとイニシアチブをとって働きかけていたのは、実はチャイナの側だったんです。

石平 当時の中国共産党は、ソ連の覇権主義と戦うためにアメリカと手を組む、という言い方をしていましたね。彼らにとっても「敵の敵は味方」と捉えていた。

藤井 毛沢東、周恩来（注2）は大したものです。自分たちの弱みを少しも見せず、自分たちがベトナムをコントロールできるような顔をして、アメリカを騙した。

石平　本当にそういうところはうまい。狡賢いんです。

藤井　天安門事件の後、チャイナの特使が訪米・訪日したとき、こんなことを言った。「われわれはデモクラシーを受け入れる気はある。ただし、皆さんが支援している韓国やフィリピンなどは開発独裁でしょう。経済の基礎を固めるには、独裁政治のほうが安定する。だから、われわれにはあと二十年、三十年の時間が必要です」

石平　二十年、三十年経って、何が起きたか。

藤井　経済が発展するに従い、「独裁権力」が、より強くなっただけです。フィリピンでマルコス（注3）が追い出され民主化が進展したり、韓国のように曲がりなりにも一般投票で大統領を選ぶ体制にはならなかった。自由に立候補することもできない。普通選挙も行なわれていない。もっとも、韓国の民主化はまだ危ない。北朝鮮に併合されて元の独裁国家に逆戻りするかもしれない（笑）。

注1：ホーチミン　ベトナム労働党中央委員会主席で、ベトナム民主共和国（北ベトナム）

の初代主席となった建国の父。

注2：周恩来　中国の政治家。一九四九年の中華人民共和国建国から死去するまで首相を務めた。文化大革命中も失脚せず、「不倒翁」とも呼ばれた。

注3：フェルディナンド・エドラリン・マルコス　フィリピンの第十代大統領（在職：一九六五〜一九八六年）。一九七二年に戒厳令を敷き、独裁権力を確立。最後は軍の一部が離反。これを支援する市民デモが起こって、大統領官邸が取り囲まれ、マルコスはハワイに亡命した。

「一つの中国」は認めないから「台湾関係法」「台湾旅行法」ができた

藤井　チャイナが追い込まれていることがわかっていれば、台湾の問題だって何だって、アメリカはもっと有利な条件で米中関係の基礎をつくれました。

石平　ニクソン・キッシンジャー外交は大失敗でしたね。

藤井　ニクソン・キッシンジャーは国益を損ねました。先述したように、一九七九年にジミー・カーターという、ナイーブな大統領がチャイナと国交を回復して、台湾を外交的に捨てました。ただ、当時の記録を見ると、国交正常化の条件として、アメリカに行った鄧小平が「台湾に手をつけない」「軍事的な解放はしない」と繰り返し言っています。だからカーターも、ならばということで「台湾との縁を切るが、兵器援助は続ける」と応じたわけです。

石平　それで「台湾関係法」（注1）ができた。

藤井　鄧小平の約束が守られない場合を想定し、事実上、台湾との外交関係を保って、台湾に対する武器供与は続けることにしたわけです。つまり、台湾が中華人民共和国の領土の一部という「ワン・チャイナ・ポリシー」を、アメリカは正式に一回も認めていないんです。その原点に戻ったのが、トランプです。

だから、彼はさらに「台湾旅行法」を制定し、アメリカ政府当局者が台湾へ渡航し政府関係者と会談することも、台湾高官が米国に入国し、アメリカ合衆国国務省および国防総省の職員を含むアメリカ当局者と会うことも認めました。さっそく、蔡英文総統はＮＡＳＡなどを訪れましたよね。

石平　「一つの中国」と、共産党はしょっちゅう言いますけど、そんなものは何処にもない。

藤井　チャイナ外交は狡猾だから、アメリカの政治家の中にも「ワン・チャイナ・ポリシー」をアメリカは受け入れた。台湾は中華人民共和国の不可分の領土である」と誤解しているバカがいっぱいいます。それはチャイナ外交の詐術、人を騙す力の巧みさを物語っています。

石平　何度も繰り返すようですが、中国共産党は本当に人を騙すのがうまい。インテリヤクザですよ（笑）。

中国は「孫子の兵法」現代版の「超限戦」を想定している

藤井　チャイナのやり方を現代的な視点で語ったのが、中国人民解放軍の空軍大佐だった喬良・王湘穂の両氏によって執筆された『超限戦　21世紀の「新しい戦争」』（日本語版は共同通信社／二〇〇一年）という本です。「超限戦」とは「あらゆる限界を超える戦争」という意味ですが、これがチャイナで公に出版されたのは一九九九年だったと思います。

石平　中国でベストセラーになりました。

藤井　すぐにペンタゴンは気がついて、英訳しています。英語では「Unrestricted Warfare」となりますが、これは軍事、外交に限らず、情報、マスコミ、SNS、金融、貿易はもちろんのこと、個人間の友情でも、教育の分野でも、人間活動のあらゆる分野を戦場だと捉えるということです。あらゆる手段で制約無く戦うというものですね。

石平　とにかく勝つためには何でもやるというわけだ。卑怯、卑劣なことでもなんでも。中国共産党はそういうのは大得意！（笑）。

藤井　ある意味で、「孫子の兵法」の現代における適用ですが、チャイナには過酷な戦争の歴史があって、負けたらお終いです。負けた側は完全に破滅させられる。日本のように、敗者にも名誉があるということはない。これにマルクス主義的な過酷さをさらにプラスしたのが「超限戦」です。

石平　日本だと、判官贔屓で、負けた西郷隆盛でも源義経でも、人気がありますね。

藤井　日本でも西洋でも、負けても、正義を守って、最後までがんばったとなれば、それなりに評価されるんです。だけど、チャイナでそういうことは一切ない。とにかく勝たなければダメだから、勝つためにあらゆる資源を投入する。人を騙しても何でも、勝てばいい。

この本で目をひくのは、ジョージ・ソロスのやっている投機も戦争の手段だし、アルカイダがやっていたテロも戦争の手段だと言っていることです。そして、この二つを組み合わせることが、二十一世紀の戦争だと考えている。このことを語っているのが『超限戦』です。

石平　国際法もへったくれもないわけですね。

藤井　中国共産党からすれば、すべてがアメリカをやっつけるため、日本をやっつけるための戦場だから、そこに制限はない。チャイナはそういう限界を超えた戦争を考えているんです。国際法的制約はもちろん道徳的制約も一切ない。

石平　はっきり言って、民主主義国家では超限戦ができません。人権問題にかかわるので、そう簡単に暗殺活動などできるはずがない。つまり、民主主義国家はあらゆる人間生活の分野に戦争を持ち込む超限戦は無理なんです。

藤井　そうです。法治を土台とする民主国家ではそれはタブーです。唯一、それができるのは独裁体制の国です。

石平　胡錦濤政権はそこまでできなかったかもしれない。が、個人独裁の習近平政権ならできます。習近平がどこかに核ミサイルを一発、撃てと言えば、今の中国の体制の中では誰も止めることはできません。「超限戦」ができるという点で、アメリカは習近平の個人独裁体制に大きな危険性を感じたかもしれませんね。

藤井　「超限戦」にいち早く気がついたペンタゴンは、当然、近年、警戒をより強めています。

注1：台湾関係法　中華民国（台湾）に対するアメリカの基本的な政策の基本が定められた国内法だが、実質的にはアメリカと中華民国の軍事同盟である。一九七九年にアメリカが中華人民共和国との国交を樹立したとき、中華民国とは国交断絶になった。しかし、自由主義陣営の中華民国を防衛する必要から、同年、台湾関係法が制定された。

目覚めたアメリカが「大軍拡」に踏み出した！

藤井　前述したように、前大統領のオバマの異母弟がチャイナに住んでいます。彼は人民解放軍の食客みたいになっていて、中国人が「オバマ政権は大丈夫だ。オバマの弟がうちにいますから」とよく言っていました。これも「超限戦」なんです。利用できることは何でも利用する。米軍はそれをわかっていたから、「オバマは何だ」と非常に欲求不満でした。

しかし、トランプの登場で、ようやく自分たちの言うことを聞いてくれる人が大統領になった。ただ、トランプは共和党のエスタブリッシュメントの人材があまり使えないんです。

石平　どういうことですか。

藤井　例えば、前出のリチャード・アーミテージ氏。今はトランプとも関係修復ができているようだけれども、アーミテージは二〇一六年の大統領選挙で、他の共和党系のエリートと共に「トランプは危ない。われわれはトランプを支持しない。ヒラリー・クリントンのほうが伝統的なアメリカの外交政策を重視するから、われわれは党を超えて、ヒラリーを応援する」と発言して、トランプに敵対したのです。

石平　そうでしたね。

藤井　共和党は人材が豊富で、経済でも軍事でも、エキスパートはおおぜいいます。でも、反対派が多いので、トランプは共和党の旧来の人材プールにあまり手がつけられないのです。

石平　それで軍人出身者が目立つのですか。

藤井　そう。軍人はセキュリティ・クリアランスも通っているし、愛国心は証明ずみだから、トランプとしても使いやすい。今、ホワイトハウスを仕切っているジョン・ケリー首席補佐官は海兵隊の大将だし、ジェームズ・マティス国防長官も海兵隊大将で、トランプ政権は「軍人重用内閣」といってもいいほどです。ポンペイオ国務長官も陸軍大尉でした。

石平　言われてみれば、そうですね。

藤井 トランプ外交は、親中派の巣である国務省を外し、国防総省とホワイトハウス中心でやっていて、そこに少しCIAが入っています。ただ、FBIほどではないけれど、CIAにも民主党側の人間が多いので、CIA出身者は注意しながら利用しているというのが現状です。

石平 なるほど。

藤井 それで今、アメリカはチャイナに対抗する為に、ものすごい軍拡を始めています。海軍大軍拡はすでに決まっていて、艦艇を現在の二百八十隻から三百五十五隻に増やし、大海軍につくり直す計画です。空軍も実動部隊の飛行部隊を、今の三百十二から三百八十九に増やす。ちなみに、冷戦時代は四百一部隊ありました。政権中枢は「全面的に支持する」と言っています。

石平 十年以上、ないがしろにされてきた米軍が再建されるんですね。

藤井 石平さんがおっしゃるように、十年後だったらわからなかったけれど、いまならアメリカはチャイナに負けません。まだ中国を打倒できるんです。その意味では、ギリギリのところでアメリカが気がついてよかったと思います。

ピルズベリーとナヴァロの対中戦略・歴史認識が大事だ

藤井　ペンス副大統領が演説したとき、ハドソン研究所中国戦略センター所長のマイケル・ピルズベリー（注1）が同席しています。ピルズベリーは元親中派でしたが、「我々は幻想を抱いていた」とわかって反中派に転向した。その点では、もとからタカ派だった人間の発言より説得力があります。

石平　演説の冒頭で、ペンスはピルズベリーの名前を挙げていましたね。

藤井　トランプ政権の対中認識は、ピルズベリーの著作『China 2049 秘密裏に遂行される「世界覇権100年戦略」』（日経BP社）に依拠しているところがあって、チャイナの「百年マラソン」を指摘したピルズベリーの歴史認識が非常によく生きています。

石平　ピルズベリーはアメリカを目覚めさせた功労者の一人と言っていいですね。

藤井　もう一人、重要な人物が米通商製造業政策局長のトップ、ピーター・ナヴァロです。『米中もし戦わば』（文藝春秋）の執筆者で、二〇〇八年ぐらいから、チャイナがアメリカを食い潰している原因であり、これと戦わなければダメだと言い続けてきました。

石平　確か、大学の先生だった人ですね。

藤井　カリフォルニア大学アーバイン校教授だったのを一本釣りされて、トランプ政権に入りました。ＩＳ壊滅が優先されたから、初めの一年は泣かず飛ばずだったけれど、二〇一八年一月ぐらいから活躍が目立つようになりました。野球にたとえれば、二軍にいた選手が一軍に上がり、グラウンドに立って活躍しているようなものです。

石平　トランプ政権の対中政策を理解するには、ナヴァロの本とピルズベリーの本を読めばいいわけですね。

藤井　どちらも公に出版されていて、秘密文書でも何もありません。日本語版の翻訳もあります。

石平　でも、中国でどれぐらい二人の本を読んだ人がいるのか、疑問です。中国側に十数名いたアメリカ研究家が今は二人しかいないと、アメリカの歴史学者で戦略国際問題研究所シニアアドバイザーのエドワード・ルトワックがインタビューで話したそうです。習近平政権になってから、アメリカを研究するよりも、習近平思想を研究するほうに予算が行くのだから、それはそうですよ。本当にバカなことです。

藤井　確かに、習近平指導部はトランプ政権を理解していないと思います。だから、何をやるかが読めていない。

石平　そうです。

トランプはチャイナマネーは不要。欲しいのは中国打倒の名誉

藤井　なぜ、そうなのかと考えたとき、おそらくチャイナのアメリカにおける情報網が、民主党やリベラルメディアに偏っていたからでしょう。だから、チャイナ外交は大ヘタを打ったんです。

石平　なるほど。

藤井　まず、トランプは絶対、大統領に当選しないと考えたと思いますね。チャイナの人が「トランプは当選しそうか？」と聞いたら、民主党の関係者やリベラルメディ

アは「あんなの放っておいていい。当選するわけがない！」と言ったに決まっている。ところが、大統領に当選した。すると、「大丈夫、大丈夫。すぐにロシアゲートでやられる。下手すると、弾劾されるよ」と、チャイナの情報源は言ったと思う。しかし、トランプは弾劾されるどころか、ロシアゲートで失脚もしない。

石平　そこでトランプ政権がまだまだ続きそうだということで、「カネでどうにかならないか」という中国のいつものやり方が出てくるわけですね。

藤井　そう。最初に目をつけたのが、トランプの娘イヴァンカの夫であるジャレッド・クシュナーです。不動産ビジネスをやっているクシュナーの妹が、二〇一七年の二月か三月、チャイナに行きました。そこで彼女は「兄がホワイトハウスで働いている」と話した。それは嘘でも何でもないのだけれど、「私のビジネスに投資すると、得することがありますよ」とも言うニュアンスです。

石平　そうでしたか。

藤井　「得する」というのは「五十万ドルの不動産投資をやれば、アメリカのビザが得られます」ということで、それは公の話です。しかし、チャイニーズの目には、「このルートをうまく使えば、トランプとディールができる」と映ったのではないか。

石平　中国流の考え方で、「ビジネスマンはお金でどうにかなるだろう」と。

藤井　日本のチャイナ・ウォッチャーにも、「トランプはすぐチャイナとディールをやる」と言う人もいましたが、実際にどうなったか。クシュナーが外されたんです。彼はトップ・セキュリティ・クリアランスから外されて、最も機密度の高い情報に接することができなくなった。

石平　厳しい対応ですね。

藤井　トランプはカネがあるから、今さらカネは要らない。そこをみんな、誤解しています。

石平　そうです。「所詮、トランプは商売人。カネを稼げれば、何でもやる」という見方は、中国だけでなくて、世界的に広がっている誤解です。考えてみれば、カネのためなら、彼は大統領になる必要などありません。

藤井　大統領の給料は年俸四十万ドルぐらいだけど、トランプは年俸は一ドルでいいと返上している。ゼロというわけにいかないから、一ドルにしているだけで、給料をもらっていないに等しい。

石平　トランプにとって、お金はいくらでもあるからもうどうでもいい。では、欲しいものは何か。名誉でしょう。

藤井　歴史に名前を残すことです。

石平　彼がただの富豪ならば、歴史に名前は残らない。アメリカであの程度の大富豪はいくらでもいます。もし彼が歴史に残るならば、何をすればいいか。レーガンになるしかない。レーガンは旧ソ連を潰した。彼が、もし中国共産党を潰したら、永遠に歴史に残る。

藤井　それができたら、名大統領として歴史に名が残ります。

石平　歴史に名を残すことこそ、トランプが欲しいものでしょう。

藤井　そう思います。アメリカを再興し、チャイナの帝国主義を打倒した名大統領として歴史に名を刻みたいのです。だから、チャイナは何でもうまくやっているように言われるけれど、そうではない。トランプに対しては大ヘタを打ち続けています。

注1：マイケル・ピルズベリー　アメリカの中国研究者。国連本部勤務を経て、ランド研究所社会科学部門アナリストとなり、一九八四年からは国防総省政策企画局長補佐、国防総省総合評価局特別補佐官、国防総省政策諮問グループのメンバーなどを務めた。現在は国防総省顧問で、ハドソン研究所中国戦略センター所長。二〇一五年に日経BP社から著書『China 2049』の翻訳が出版された。

キリスト教弾圧で米国の反中世論に火に油を注いだ習近平の大失敗

藤井　中国に対する貿易制裁にしても民主党も原則賛成だと思いますが、それはさておき、「信仰の自由が大事だ」という話の中で、みんなが知っていても口にしなかった問題を、ペンスは十月四日に持ち出しています。

石平　それは何ですか。

藤井　チャイナでキリスト教徒が弾圧されていることです。十字架が壊され、聖書が焼かれ、キリスト教徒が牢屋にぶち込まれていると指弾したのです。トランプ支持者は、みんな真面目なクリスチャンです。これを聞いてどう思うか。

石平　トランプの支持者でなくても、民主党支持者にだってキリスト教徒はいるのだから、大多数のアメリカ人の怒りを買うのではないですか。

藤井　そう。許せないと、アメリカ人の琴線（きんせん）を鳴らす。そうすると、アメリカの大衆は「そもそも、こんなところに投資して、金儲けしていいのか」という話になってくる。

石平　「おまえはお金が大事か、神さまが大事か」と突き上げられるわけですね。

藤井　そうです。

石平　そういう世論が高まれば、中国と仲良くしたいアメリカの財界人も、黙るしかなくなる。また、ウイグル人が百万人単位で強制収容されていることも一種の宗教弾圧ですが、アメリカの民主党でも大問題にしていて、米議会が中国に対しては一枚岩になりつつありますね。

藤井　アメリカの場合、信仰の自由も含めて、「自由」は単なる建前ではありません。移民国家アメリカを成り立たせているイデオロギーであり、これをみんなが信じることによって、アメリカはかろうじて団結できる。前にも言ったように、「理念」には力があるんです。

石平　習近平がやったことは、わざとアメリカを怒らせようとしたとしか思えないことばかりです。胡錦濤政権時代まで「共産党に盾突くことさえしなければ、神さまを信じてもいいよ」という態度でした。だから、キリスト教を信仰しても反共産党の政治反乱が起こらず、むしろ政権安定の基盤になる。しかし、反共産党ではないキリスト教徒を、習近平は弾圧して、反共産党に仕向けた。しかも、彼が夢にも思わなかったことですが、それがアメリカ人を本気で怒らせ、アメリカの対中国強硬策に正当性を与えた。キリスト教徒が弾圧されていると知ったら、普通のアメリカ人は怒りますよね。

藤井　そうです。チャイナに対する怒りが湧いてくる。

石平　そうしたら中国に対するトランプの対中政策に、財界人だけでなく、政治家も「反対する」と言いづらくなるでしょう。

藤井　そう。それから、ペンスは「過去十年間で百五十人以上のチベット仏教の僧侶が焼身自殺で中国共産党に抗議した」と言って、チベット仏教への弾圧問題にも言及しています。チベット系日本人のペマ・ギャルポさんに言わせると、「表に出たのは百五十人だけれど、千人ぐらいは焼身抗議しているだろう」とのことですが、最近は焼身抗議すると、親族、友人まで迷惑を被るから、焼身抗議すらやりづらくなっているとのことです。それでも百五十人の僧侶が焼身抗議しているのはショッキングな話です。

これも効きますが、キリスト教弾圧はもっと効く。教会を潰し、十字架を破壊し、聖書を焼く。「なんだ、これは」ということになる。今までアメリカの指導者は、そういう事実を知っていても見て見ぬフリをすることが多かった。

石平　それをあえて公開の席で、持ち出したということは、トランプ政権がどれほど本気であるかを証明しているわけですね。

藤井　徹底してやります、ということです。よくアメリカの宗教右派の保守派の人が「神なき共産主義」と言うのだけれど、共産主義の「正しい考え方」は、唯物論です。最近も「神を信じることは間違っている。あらゆる宗教はダメなんだ」と中国共産党幹部が公の場で発言した。これは、世界中の有神論者に対して、喧嘩を売っているのと一緒です。わざわざ言わなくてもいいことを言ってしまうところも、本当にバカだと思います。

石平　さらに、中国は中間選挙（二〇一八年十一月）でトランプがレイムダック化することを期待していた。ほんとにバカだなと言いたい。前述したように、一勝（上院）一敗（下院）でトランプは乗り切った。二年後の再選もこれで目処が立ったと言えます。あと六年弱の任期がトランプにある可能性が高い。一方、習近平はどうか？　六年ももたないのではないか？

独裁者にとって「自己批判」「後退」は「自殺」に等しい

石平　ただ、「ペンス演説」で私が引っかかるのは、米中関係に「余地」を残していることです。たとえば、中国が改革開放路線に戻れば、習近平政権であってもいい関係をつくろうと言っているでしょう。もし、中国共産党が改革開放に戻ることを期待しているのであれば、アメリカは「チャイナ幻想」から完全に抜けていないのではないか。はっきり言って、鄧小平の考え方と習近平の考え方は基本的に何も違わない。前述したとおり、やり方が変わっただけでのことです。力を蓄えるまでは低姿勢で行くか、もう蓄えたから高姿勢でもいいかという違いでしかない。

藤井　どちらも狙っているところは同じです。

石平　鄧小平は「覇権主義」「一党独裁」体制を放棄したこともないし、中華帝国の理想を放棄したこともない。ただ、鄧小平は賢いから、西側諸国を騙して、実力を養うことに専念した。習近平のほうは「韜光養晦」戦略の意味がなくなったと考えて、野心を表に出しただけです。「古き良き時代」に中国が戻ることをアメリカが期待すれば、また期待外れになると思います。

藤井　ペンスが「鄧小平の開放改革路線に戻れば、アメリカはチャイナを受け入れる」と言ったのは、レトリックだと私は理解しています。いくらなんでも「我々はチャイナを潰します」とは明言できないでしょう（笑）。

また、中華人民共和国を潰すとか、中国共産党独裁を潰すとは言っていません。外国の体制を変革するなんてことはやるべきではない、そこまでできるものでもない、というのがトランプの考え方です。ただし、「一帯一路」などを帝国主義的だと非難して、今の中国共産党のやり方は否定している。つまり、これまでの米中関係を、「チャイナはわれわれの味方ではなく、敵だ」という認識の下で、根本的につくり変えることがトランプの目的です。

石平　ペンスがわかっているかどうかは別にしても、鄧小平路線に戻るのは、そもそも習近平には不可能な話ということです。習近平はむしろ、ますます鄧小平路線から遠ざかります。

藤井　そうならざるを得ないでしょうね。まあ、習近平が方針を転換するまで止めないということは、事実上、止めないということです。だって、習近平自身が、いままでやってきた自分の方針を転換できますか？　できないですよね。

石平　今、習近平が外交をほとんど独占しているから、方針転換ができないんです。方針転換するには、まず自分が今までアメリカの戦略的意図を的確に認識できなかったことを認めなければならない。

藤井　自己批判しないといけません。

石平　でも、「独裁者」「皇帝」になったら、それは難しい。独裁者がいったん強行したら、そこからなかなか後退できない。「自己批判」や「後退」は独裁者にとって自殺に等しいのです。

しかも貿易戦争が始まった段階で、習近平政権は戦略性がなくアメリカに振り回されています。アメリカが第一弾を打つと同規模の措置で報復し、第二弾を打つとまた同規模の報復をするだけ。

藤井　同じことをやっていたら、チャイナが負けるに決まっている。

石平　かといって、ここまで来てアメリカに頭を下げることは、これまた自殺するのと同じです。これが個人独裁でなければ、方針転換ができた。習近平が躓いたら、李克強首相を出せばいいんです。しかし、それもできない。

藤井　あるいは李首相のクビを切って、「俺の責任じゃない。李が悪かった」と言えばまだいいのかも（笑）。

石平　そうですね。しかし、すべて習近平の責任でやってきたことだから、その手も使えません。

藤井　個人独裁体制にしてしまったことで、習近平は自分の首を自分で絞めているわけだ。

毛沢東と習近平には根本的な違いがある

石平　ところで、副大統領のペンスではなく、なぜ大統領のトランプがこの演説をしなかったのでしょうか。

藤井　トランプとすれば、チャイナが妥協してくれば――私は妥協しないと思うが――受け入れて、習近平と取引をするというサインでしょう。

石平　交渉の余地はあるということですか。

藤井　貿易戦争はアメリカにもダメージを与えるし、アメリカの中には親中派もいるので、矛を収めるための余地を、首の皮一枚、残しておく。トランプは政治家ですから、習近平が泣きついてくれば、自分が出ていって話をつける。だから、トランプ本人が言わなかったのではないですかね。

石平　しかし残念ながら、習近平は譲歩できなくなっています。

藤井　例えば毛沢東は、あれほど米帝国主義云々と国民を煽っていたのに、突如、ニクソンを呼んで握手したでしょう。本当の大独裁者だったら、そういう大転換はできないことはないはずです。昨日と逆のことをやったっていいんですから。金正恩もやった。

石平　習近平は「独裁者」になったけれど、毛沢東ほどの絶対的な独裁者ではありません。

藤井　反対する人たちが党内に大勢いるということですか。

石平　それもありますが、カリスマ性の違いが、毛沢東と習近平にはある。ニクソンが中国に来たとき、私は学校に入っていて、よく覚えていますが、当時の中国は、毛沢東が「これは黒だ」と言えば、全国民が本気で「これは黒だ」と思った。

藤井　そういう絶対的権力を持っているのが、本当の大独裁者です。

石平　毛沢東思想で完全に洗脳されていました。だから、毛沢東が「アメリカと戦争をするぞ」と言えば、「はい、わかりました」と答え、「アメリカと和解するぞ」と言えば「はい、わかりました」と当時の国民は答えたんです。

藤井　なにがあろうと、絶対服従だったんですね。

石平　当時の中国人にとって、内外の情報を知る源は「人民日報」しかなかった。海外旅行も絶対禁止。だから、みんな、本心から毛沢東が言うこと、人民日報が報じることは、すべて真実だと思っていた。ところが、今は、中国では規制があるといっても、ネット社会。海外旅行もできる。そうなると、大衆にもさまざまな情報が入ってくる。、習近平が「これは黒だ」と言ったら、国民は「黒ですね」と表向きには言っても、心の中で「白じゃないか」と思ったりしているわけですよ。

藤井　習は、国内で権力を摑んだのだから、その意味では、それなりに賢いというか、狡知に長けたところもあるのだろうけど、対外政策は完全に見誤った。石平さんがおっしゃったように、「裸の王様」になってしまうと、本当のことを言ってくれる人がいなくなり、情報の入ってくる回路が細くなる。だから、いまのチャイナでは誰も「あなたが今までやっていたことは、間違っています。改めなさい」と、習近平に言えないのでしょう。

石平　しかも、毛沢東には周恩来という切れ者が側にいました。毛沢東の犯した間違いの尻拭いを周恩来がやった。今、習近平にはそういう切れ者、側近がいません。

藤井　ああ、確かにいませんね。

石平　王岐山にしても、それほどのものでもない。全部、自分で自分の尻を拭わないといけない。しかし、自分は拭いたくないのだからどうしようもない（笑）。

中国共産党は世界征服を目指す秘密結社のようなもの

藤井　アメリカの今回の覚醒は、習近平の帝国主義的政策にも拠るところが大きい。では、なぜ、チャイナが帝国主義に走るのか。一つの要因として、チャイナが力をつけてきたから、中華ナショナリズムが帝国主義に転化したということは言えると思いますが、その他にマルクス主義の影響があります。

石平　二〇一八年は、一八一八年（五月五日）生まれのマルクス生誕二百周年でしたね。

藤井　マルクスの誕生日の一日前、五月四日に中国共産党は生誕二百年を大々的に祝いました。つまり、中国共産党はマルクス主義は捨てていない。捨てていないどころか、今でも信じていると世界に宣言したのです。「マルクス主義をチャイナに適用したのが、今の中国共産党路線だ」ということを、あくまで主張しています。

石平　そうですね。

藤井　では、マルクス主義とは何か。世界の共産化を最終目的とする世界革命思想です。つまり、中国共産党は真面目に世界征服を目指している。ソ連が潰れて世界の共産化が挫折したように見えるけれど、われわれは一時的に資本主義の力を借りて、ソ連よりも賢いやり方で達成するというのが中国共産党の考えです。

石平　国際法なんてブルジョワイデオロギー。自由・人権もブルジョワ民主主義の概念だ、そんなものは無視していいに決まっているというわけですからね。

藤井　いまのチャイナは、中華ナショナリズムとマルクス主義が合体した思想によって、冗談でなく、本気で世界征服を企んでいます。

石平　『仮面ライダー』に出てくる秘密結社ショッカーと同じですか（笑）。

藤井　子どものマンガやスパイ映画によく出てくる、世界征服を狙っている「秘密結社」のようなものです。

石平 だから、アメリカ、何するものぞという気概にあふれている（笑）。

藤井 チャイナが世界征服を目指していることを、われわれは真面目に考えたほうがいい。「世界征服のためには超限戦で、マネートラップも、ハニートラップも、スパイ工作もサイバー攻撃も何でもやります。そんなことは当たり前です」。そういう考えをもつ国を相手にする以上、やわな常識は通用しません。

第四章

習近平の「自力更生」の雄叫びが聞こえてくる

されど「人民元」は暴落していく

対中経済制裁は北朝鮮対策でもある

石平　習近平が「ペンス演説」を読んで、「俺のことを目の敵にしているな。こんなアメリカに譲歩することは、単なる貿易問題でなく、自分の首を切ることになる」と、おそらくわかったと思います。一〇〇%のバカじゃない限りですが（笑）。そして、「ここまできたなら、これからはアメリカと全面対決する以外にない」と覚悟を決めたのではないかと、私は考えています。

藤井　なぜ、そう考えたのですか。

石平　米国が求めてるのは単なる対中国の貿易赤字の是正であれば、習近平はこの要求に応じて大幅譲歩することもできます。しかしペンス演説は貿易問題だけでなく、政治・軍事・外交などのあらゆる側面における中国共産党の政策と戦略を一つ一つ取り上げてそれを厳しく批判しながら、習政権に対して全面的方針転換を求めているから、習近平からすれば、アメリカ側の要求を受け入れて全面的に譲歩することはもははや不可能であり、そんなことしていたら、習近平自身の立場が危うくなるだけでなく、共産党政権自体が持たない。だから彼らは貿易問題ではアメリカとの交渉を進めて何とか貿易戦争の終結にこぎつけたいのでしょうが、政権を守るためにはアメリカに対する徹底抗戦も覚悟しなければならない。彼らにとって、政権を守ることはすべてですからね。

藤井　なるほど、そういうことでしょうね。

石平　そして、十一月十三日になると、ペンス副大統領はワシントンポスト紙でのインタビュー記事において再び、中国に対して政治・軍事・外交・貿易政策などにおける全面的方針転換を強く求めているから、習政権はトランプ政権の決意が固いことがわかったはずです。

藤井　今後も、トランプと会って、未解決の問題を一対一で交渉し、局面を打開することはどだい無理でしょう。

石平　習近平にとっての最後にして唯一のチャンスは、すなわち二〇一八年十一月末に、アルゼンチンのブエノスアイレスで開かれるG20で開催予定の米中首脳会談です。

習近平にとってはそれは本来、トランプ大統領を何とか説得して起死回生のチャンスを摑む一発勝負の階段ですが、残念ながら習近平には、一対一の交渉で情勢を逆転するほどの能力がそもそもない。官僚が用意したものを読み上げることしかできません。実際の話、トランプの別荘に招待された習近平が、晩餐会の最中にシリア攻撃を告げられた途端、十秒間、どう反応していいかわからなかったでしょう。ぽかんとした顔を世界にさらけ出していた。

藤井 文字通り、フリーズした（笑）。

石平 誰かが「主席、こういうふうに答えましょう」と言わないと、何を話していいかがわからない。そんな習近平がトランプと一対一で話すことは、リスクが大き過ぎます。もし、会談の前にトランプ政権が大幅に譲歩していたら、習近平は首脳会談を何とかうまくやるでしょう。しかし、トランプが習近平と会うために譲歩するとは考えにくいし、習近平自身も大きく譲歩することもできません。結果的にはおそらく、米中首脳が問題の解決に何らかの実質上の合意に達するのではなく、「今後も引き続き協議していきましょう」という意味での合意に達したふりをして、その場を取り繕うのではないかと思います。

藤井　なるほど。ところで、北朝鮮という小さな石にアメリカが躓くことを、習近平は望んでいましたね。

石平　そうです。

藤井　ところが、トランプは賢くて、躓かなかった。二〇一八年六月十二日にシンガポールで金正恩と会って、問題は解決しないけれど、少なくとも北京と平壌のあいだに楔を打ち込んだ。

石平　とはいえ、北朝鮮の非核化は進んでいないと言われますね。

藤井　トランプからすれば、進んでいるんです。北朝鮮に対する最大のメッセージは、「われわれがチャイナの経済を締め上げているぞ」ということです。だから金正恩に対して、「北朝鮮は、もとの親分のチャイナと仲良くしていても、何もいいこともないよ。あんたらの親分の国はどんどん貧しくなっていく。それよりも、核兵器をあきらめれば、新しい道が開けているから、われわれのサイドに来なさい。時間をやるから、北朝鮮はよくよく考えなさい」ということを言っているわけです。だから、対中経済制裁は北朝鮮対策でもある。もっとも、これは、これから先、どう転ぶかはわかりません。金正恩の出方によっては、斬首作戦が敢行される可能性もあり得ます。

なぜ、習近平は旧満洲に足を向けたのか

石平　日本ではあまり報じられていないけれど、アメリカが中国に対する第三弾の制裁関税を発動した翌日の二〇一八年九月二十五日から四日間かけて、習近平は東北地域を視察してまわりました。

藤井　旧満洲に行ったんですね。

石平　これに中国人は憤慨した。というのは、アメリカとの貿易戦争で一番被害を受けるのは東北地域でなく、上海、江西省、浙江省、広東省といった輸出産業が中心の地域です。これに北京をプラスすると、中国の対外輸出の七割くらいを占めます。本来ならば、貿易戦争で一番被害を受ける地域に中国の指導者が行って、そこの幹部や官僚たちと対応策を議論したり、人びとを激励しないといけない。ところが、習近平

はそういう地域を無視した。

藤井　旧満洲では大連に多数の日本企業が進出していますね。

石平　大連は対外依存度の高いところですが、東北地域全体としては対外貿易がそれほど大きくありません。

藤井　旧満洲はもともと重厚長大産業の拠点でした。

石平　昔、日本の満鉄がつくった基盤があって、東北地域は伝統的重工業と国有企業の総本山です。また、改革開放前の毛沢東時代に、中国経済を支えたのは東北地域でした。言わばまったく内向き型の経済であるところを、習近平が視察した。このことは何を意味するか。いずれアメリカと経済関係を断って、国有企業と伝統的産業を中心にして生きていく……。

藤井　要するに、毛沢東時代に戻ろうというわけですか。

石平　習近平は最近「自力更生」のスローガンを打ち出しています。改革開放以前は、外国経済と関係を持たなくてもやっていた。われわれは自力更生でやろうじゃないか、と。

藤井　「自力更生」は毛沢東が好きな言葉でしたね。

石平　もう一つ、東北地域は北朝鮮、ロシアと隣接しています。おそらく習近平は、両国と経済的に一体化していこうというイメージを描いているのでしょう。東北地域視察はそのメッセージも送っていると思われます。ということは、ペンスが期待する鄧小平の改革開放路線への復帰とは、正反対の方向に動こうとしているわけです。

藤井　まったくそうだと思います。政治的に習近平はますます独裁を強化し、経済的には改革開放路線を逆転させていくしかないんです。なぜかというと、チャイナを今まで支えていた「外国から資本と技術を導入し、低賃金労働で低価格の製品を輸出する」という経済発展モデルは、賃金が上がり制裁を受けている現状では、もはや使えなくなっているからです。

しかも、彼らが軍事力を強めてきた基礎である経済力を締め上げようというのが、トランプの戦略であり、追加関税が掛かってくるから、これはしんどいに決まっている。そうしたら、後ろ向きになって過去に戻るしかないんですよ。

石平　習近平が権力を握っているかぎり、中国はどこまでも彼と付き合っていくしかない。しかし、中国がアメリカに先行して有効な手を打つかというと、それもできない。結局、対米貿易戦争をこれから先も戦えば、内向きで辻褄合わせをなんとかしながら問題解決するという方向に行くんです。

藤井　そうですね。現体制では、そのとおりになっていくと思います。チャイナ経済は何十年も逆戻りすることになります。

自分で自分の首を絞める習近平政権

藤井　話が繰り返しになりますが、二〇一七年四月に習近平がトランプと会ったとき、「これはやばい。こいつは本気だ」と見抜いて、ご機嫌取りをすればよかった。あのとき、対米貿易黒字を半分にしろとトランプは言った。半分にはできないけれど、三割ぐらい減らしておこうとか、一割でも二割でも減らして「努力しました」とか言っておけば、その後の対応は変わったはずです。しかし、完全に見誤った。

石平　ただ、問題はここです。独裁者が判断ミスをして、ここまで来たら、方向転換ができない。では、どういう対策を取るのか。最近、中国はいろいろな対策を考えています。例えば「自由貿易」を掲げてEUと連携し、アメリカと対抗する。

藤井 ちょっとだけ試みましたね。

石平 しかしEUが全然、応じてくれなかった。いくらEUがバカでも、習近平と組んで、アメリカと敵対する気はさらさらない。逆に、トランプが、一枚、上手ですよ。カナダとメキシコを相手に自由貿易協定の改定で合意しました。

藤井 案外、容易に妥協ができました。

石平 もう一つ、大事なことがあります。アメリカとカナダやメキシコとの自由貿易協定で、例えばカナダが中国と自由貿易協定を結ぶときは、事前にアメリカへ情報を提供しなければならないという約束をしました。アメリカが警戒しているのは、自由貿易協定を結んだ国が中国と無関税貿易をやれば、アメリカ市場から締め出した中国製品がその国経由で簡単に入ってくることです。

藤井 チャイナはメキシコとカナダという抜け道を利用できなくなったのです。

石平 アメリカは、事実上、それを阻止できる項目をつくった。そうなると、カナダもメキシコも簡単に中国と自由貿易協定が結べない。おそらくEUや日本とも、これをやるだろうから、ＥＵとも日本とも自由貿易協定ができない。気がついたら、チャイナだけが自由貿易体制から完全に締め出されるということも考えられます。

藤井　先ほど石平さんがおっしゃった、「内向き」にますますならざるを得ないわけですね。

石平　そうです。もう一つ、最近、習近平政権が、国内の金持ち階層を狙い撃ちするようになった。ファン・ビンビン（范氷氷）事件（注1）もそうですが、アメリカ市場から締め出されて、経済事情がますます苦しくなると、これから次々に太ったブタを捕まえて、お金を取り上げるはずです。そんなことをやっても五年ぐらいが限度だろうし、金持ちを潰していったら市場経済は完全に終わる。つまり、中国経済は完全に終わるんです。

習近平政権が本当にしょうもないのは、アメリカと喧嘩しているのだから、ＥＵと急いで関係づくりしなければいけないのに、ＩＣＰＯ（国際刑事警察機構）の総裁を逮捕監禁したことです（注2）。ＩＣＰＯの本部はフランスにある。これではＥＵの中核であるフランスが、中国と仲良くしようとしてもできないではないですか。

藤井　あれは傑作だね。習近平はまたよくやってくれた。国際警察のトップが自分の国に行って逮捕される。あれで中国がどういう国か、改めてみんながわかった。

石平「ペンス演説」がいかに正しいか、習近平自ら証明してあげたようなものです。あの政権は本当にバカと言うしかない。自分で自分の首を絞めることばかりやっています。

注1：ファン・ビンビン（范氷氷）事件　中国の女優ファン・ビンビン（范氷氷）が消息不明になっていた事件。二〇一八年十月に脱税の追徴課税や罰金など八億八千万得元（約百四十六億円）の支払いを命じられたことが報じられ、ファンはブログで謝罪した。

注2：ICPO総裁の逮捕　二〇一八年九月、ICPO（国際刑事警察機構、インターポール）の本部があるフランスのリヨンから中国に帰国した孟宏偉総裁が行方不明になった。十月に入って、孟から総裁辞任がICPOに伝えられ、中国政府は孟を違法行為の疑いで取り調べを受けていることを明らかにした。

「一帯一路」をおいしいとまだ信じる日本企業の経営者たち

石平　でも、そんなバカの美辞麗句に騙されるもっとバカな人間もいる。例えば、中国が「自由貿易」という大義名分を振りかざして保護主義を批判し、米中貿易戦争で日本が中国の仲間になるよう誘導する。日本の経団連の加盟企業の経営者にも働きかけ、安倍首相を懐柔しようとしている。これも気をつけないといけません。

藤井　そうですね。前述したとおり、安倍首相は中国の実態をよく把握していると思いますけど、日本の政財界にはバカもいるので心配です。「一帯一路」で日本にビジネスチャンスがあると言われて、その気になる愚かな人がいわゆる経済人には多いんです。

石平　今さら「一帯一路」がおいしいと思うなんて信じられない。

藤井　信じられないでしょう。でも、いるんです（笑）。

石平　マレーシアも、パキスタンも、反発しているのにですか。EUだって中国の本性を見抜いた。その中で「一帯一路」がおいしいと思うなんて、完全にいかれている。

大バカと言うしかない。

藤井　今まで日本が中国からやられてきたことを考えれば、日本企業が参加して儲かるわけがないんです。さすがにドイツやフランスも警戒して、「一帯一路」はもとより、チャイナの企業による国内企業買収も制限し始めた。特にドイツはものすごく厳しくしています。

石平　そのようですね。

藤井　二〇一七年、「クーカ」というAIとロボット工学の企業を、ドイツはチャイナに売りました。ここはドイツが国家を挙げて育ててきたと言ってもいいような会社で、技術の一部はアメリカの最新のジェット戦闘機「F-35」にも使われている。だから、相当の反対が出たけれど、メルケル首相がOKした。

当然、それに対する反動もあって、外国企業、特にチャイナの企業によるドイツ企業買収に関しては、制限が厳しくなりました。株式の過半数を有する場合はもちろん審査しますが、これまで二五％以上が審査の対象だったのが、一五％以上にした。それだけでなく、大事なテクノロジーを持っている企業を買収されないように、防衛するための基金までつくるということまで言い出した。かなり手のひらを返したような話です。

石平　なるほど。

藤井　それから、投資していたお金も対抗手段で引き上げるでしょうね。これ以上、チャイナと親しくするのはやばいと、あのドイツもようやく気がついてきた。これからドイツは、アメリカの踏んだステップを後追いしていくと思います。

石平　イギリスも完全に見直しましたね。

藤井　そうです。前のキャメロン政権は本当にひどかった。オズボーンという大蔵大臣が特に悪くて、とにかくチャイナマネーを欲しがり、ウイグルの問題もチベットの問題も一切、無視しました。

石平　何が何でも中国から資金を呼び込みたかったんですね。

藤井　キャメロン首相とオズボーン蔵相が叩頭して、チャイナの皇帝からお金を恵んでもらっている風刺画がイギリスのメディアにも出ていましたが、そんな状況だった。いまのメイ首相はバランサー的な人だから、はっきりとした色は出ていないけれども、キャメロン政権ほどベタベタではなくなった。
　こうして対中警戒が広がる中、習近平が騙す相手は日本しかない。だから、「日中友好条約四十周年じゃないですか。また仲良くしましょうよ」と擦り寄ってきた。安倍さんはなんとかスワップ協定以外はぎりぎりのところで踏みとどまった。でも、今後も騙されたら、日本は本当のバカです。

石平　そうです。もし、日本が毅然とした態度を取ると、政治的にも経済的にもチャイナはこれからますます孤立化していきます。最も大きいのは経済的孤立でしょう。

藤井　そうです。

石平　どう考えても、米中貿易戦争は長期化します。したがって、中国の対外輸出が大幅に減る。特に貿易黒字の六割を稼いでいるアメリカへの輸出が減るから、貿易黒字が大幅に減る。そうなったら、国内の輸出産業で倒産、リストラが広がり、失業が拡大する。ただでさえ不動産バブルがいつ崩壊するかわからないし、国有企業が巨額の債務を抱えているという問題もある。そういう問題が爆発したら、中国経済が潰れる。経済においては、米中貿易戦争が中国経済に対して外部からトドメの一撃を与えるわけです。

藤井　外貨準備が減ることはチャイナにとって決定的です。

石平　外貨が減ったらどうなるか。一つは、あちらこちらの国に金を貸すことができなくなり、「一帯一路」がいっそう難しくなります。

藤井　今後、人民元の暴落という事態が起こると思います。アメリカはそこに追い込むでしょう。そうしてチャイナが外国からモノを買えないようにする。

石平　石油の輸入も食料の輸入もままにならなくなることはきついですね。中国は石油も食料も自給できないので、国内は大混乱になるのは明らかです。だから習近平が東北地域に行ったとも考えられます。東北地方は穀倉地帯ですから。

船（中国）が沈むか、今の船長（習近平）を海に放り込むか

石平　アメリカとの貿易戦争が始まって、鄧小平時代から続いた繁栄が終わる。しかも、先ほど藤井先生がおっしゃったように、アメリカは海軍と空軍を増強する。習近

平がアメリカに対抗するのであれば、経済が悪化しているのに、軍拡をやらなければならない。

藤井 当然、国家財政は窮迫します。

石平 まさにレーガンが旧ソ連を潰したときと同じルートを、中国は辿っていく。

藤井 トランプはそれを戦略的にやっているのです。

石平 今、中国共産党には崩壊を避ける選択肢が一つ、残されている思うんです。それは習近平を消すことです。習近平を消さなければ、みんな習近平の道連れになって終わる。船が沈むか、今の船長を海に放り込むか。もし中国共産党の中に賢明な人がいれば、選ぶべき選択肢はこれ（船長を海に放り込む！）しかない。

藤井 クーデターもありうるでしょうが、私はこう考えます。経済は統制経済に戻る。政治も個人独裁を強化する。前に進めないから、後ろに戻るしかないんです。

石平 そうそう。

藤井 そのとき、国際的に競争力のある企業がなくなっていき、チャイナの国内は非常に貧しくなる。そうなったら、遅かれ早かれ、国民が反乱を起こす。それを力で押さえるために習近平がますます独裁を強めていき、経済はいっそう悪くなる。こういう負の循環が起こるでしょう。

石平　底なし沼にはまり込むわけですね。

藤井　そうです。先ほど石平さんがおっしゃったように、習近平を消すことで彼の独裁体制は潰せるでしょうが、経済の悪化だけでは共産党の独裁体制は潰れないと思います。

石平　何か他に必要なことがあるわけですか。

藤井　経済が悪くなればなるほど、独裁者は対外膨張政策をやらざるを得ない。

石平　そうか。追い詰められた習近平が、どうにもならないときは、局面打開のためにどこかで戦争に出る。鄧小平時代も、中越戦争（注1）を起こした。局地的な戦争でも、国内の不平が一気に吹っ飛ばされて、経済は完全に軍事統制下に置くことができます。

藤井　引っ込みがつかなくなった習近平（ないし後継者）は、最終的にアメリカと南シナ海で干戈（かんか）を交えると思います。でも、経済がダメな上に、戦争をやって負けたら、独裁者はお終(しま)いだし、中国共産党体制も潰れる。

石平　対外戦争に負けたら、独裁体制は一巻の終わりですね。

藤井　ただ、その前に習近平が転げることもあり得ます。独裁を強めるしか生き延びる道はないから、独裁をどんどん強化していって、反対者はいなくなった。しかし、転げてしまう。織田信長ではないけれど、いわゆる「高転びに転ぶ」（注2）ということになることも考えられます。

石平　結局、習近平は毛沢東になりきれないと私は思います。

藤井　毛沢東のようになりたいというのは、習近平のかなわぬ夢です。

石平　習近平の行く末は別にして、「ペンス演説」は中国共産党の「終わりの始まり」ですね。ある意味では、人類の歴史が大きく変わるところを我々は目撃している。

藤井　「ペンス演説」が分水嶺となって、次の時代に突入したと言っても過言ではありません。この歴史的な動きを正確に摑んで、日本の政界・財界が動かないといけません。日本にとっては、すごいチャンスが来ている。

石平　でも、自民党や財界の親中派が、行く手を阻む恐れがあるのでしょう。

藤井　そうです。アメリカという国は変わり身が早い。このあいだまで大勢いたパンダ派（親チャイナ派）が、あっという間に本当にいなくなりました。本当に手のひらを返すんです。気をつけていないと、「日本が最も親中の国」になってしまう。

石平　EUよりも、フランスよりも、イギリス、ドイツよりも、日本が親中国家になることは、気をつけないといけませんね。それにしても、悪の中華帝国と戦う正義の騎士トランプに拍手を送りたい。

藤井　よくやっています。しかも庶民と軍がトランプを支持している。

石平　もう一人、私は個人的に習近平に、もっと大きな拍手を送りたい。あなたがバカだから、中国共産党がますます追い詰められていく（笑）。

藤井　鄧小平のように「狡猾」「狡知」な指導者だったら、ここまで行かないですよ。

石平　行かない、行かない。

注1：中越戦争　一九七九年に中国とベトナムの間で起こった戦争。ベトナムがカンボジアに侵攻し、ポル・ポト政権を倒すと、カンボジアを支援していた中国が「懲罰」とい

う名分でベトナムに派兵したが、中国軍は大きな損害を出して撤退した。

注2：高転びに転ぶ　戦国時代に毛利家の外交僧だった安国寺恵瓊は、「信長の代は、五年、三年はもつが、いずれ高ころびに転ぶように見える」と織田信長を評した。

第五章

米中戦争は「文明社会」と「暗黒帝国」の戦いである

「文明の衝突」と「文明の脅威」

中国皇帝の使命は「野蛮民族」を教化することだった

石平　一つ、歴史的視点からの問題提起をしたいと思います。今回の米中対立の背後には、ハーバード大学のサミュエル・ハンティントン教授が指摘した「文明の衝突」というべき面があるということです。

藤井　ハンティントンは、「アメリカの敵はイスラムとチャイナだ」と指摘しましたが、現在の政治的かつ経済的な米中対立の背後に、「文明の衝突」があるというのは、その通りだと思います。

石平　本来、「中国文明」と「アメリカ文明」は異質です。中国は伝統的に皇帝専制の政治体制であって、民主主義のかけらもありません。人権、平等、フェアという西側世界、とりわけアメリカンデモクラシー的な価値観がまったくないんです。

国際関係にしても華夷秩序（注1）的な感覚でやってきて、「対等」という観念がありません。中国は「天子」である皇帝が一番上に立ち、異民族に対するのですが、だいたい二つのやり方で対処していました。まず、言うことを聞かない相手は征伐する。それから、言うことを聞く相手にはご褒美を与える。ちなみに、中国皇帝の使命は野蛮民族に文明を与えて教化することであり、これは中国独特の論理です。

いずれにしても、異民族と対等に付き合うという発想はなく、常に「上から目線」で、力で押し付けるか、あるいは教えを垂れるかのどちらかです。

藤井　トランプに対しても「上から目線」でしたからね（笑）。

石平　近代になると、中国がナンバーワンの座から転落し、西洋列強にいじめられました。すると、なおさら「世界には平等がない」と信じ込んだ。

藤井　西洋列強は力があるから俺たちをいじめた、というわけですね。

石平　そうです。結局、中華帝国の伝統から発する「自分たちは上に立つ」という優越意識と、「西洋列強にいじめられた」という近代のコンプレックスから、「力がすべてである」という観念が、今、中国の国際政治の理念を貫いています。

藤井　チャイナは近代に入っていません。

危険なチャイナルールの強要・強制

石平　一方、アメリカはある意味で西洋文明の一番いいところを受け継いでいると、私は考えています。私の理解ではアメリカに於ける一番大事な精神はフェアです。社会の中で、みんながフェアな立場で競争する。国と国の関係、秩序もフェアでなければならない。おそらくアメリカにフェアという基本理念があるから、阿片戦争（注2）以降、節目節目で中国を応援してきた。その分、反日でもあったから、不幸にも日米間で戦争が勃発もした。

そのアメリカに中国はどう対処してきたか。フェアな人間はバカであり、利用すべき相手だと思って、さんざん利用したんです。例えば、技術はアメリカとフェアに競争するのではなく、アメリカから盗む。企業の競争も、中国政府が中国の企業に政治的保護を与えたり、政治的便宜を図ったりする。中国市場の中では、明らかに国有企業が政府に優遇されていて、アメリカの企業と中国の企業はフェアに競争していません。

藤井　世界で一番、保護主義をやっているのは、政府が全企業をコントロールしているチャイナだと、ピーター・ナヴァロが言っています。

石平　ペンス演説でも、「中国はアメリカに対抗するな」とは言っていなくて、「フェアではないやり方で、中国はアメリカと対抗している」と非難しているだけです。

藤井　そうです。

石平　アメリカ文明のみならず、西洋文明と中華文明は違いすぎる。フェアの精神だけではなく、「神のもとでみんな平等である」というような西洋の価値観を、中国はいつまで経っても受け入れない。いや、西洋文明の価値観を受け入れないどころか、今は中国の「盗む」「弱いものをいじめる」といったフェアではないやり方を、中国モデルとして世界に広げようとしています。

藤井　同感です。筑波大学の古田博司先生によれば、チャイナも南北朝鮮も古代専制国家のままです。彼らには国際法はもちろん、法治主義も契約も理解できません。

石平　もし、中国がアメリカに取って代わって世界の覇権を握ったら、チャイナルールが世界の人びとに押し付けられ、今とはまったく違う世界になってしまいます。中国がすべて上に立って、弱小国家はみんな従わなければならない。その意味では、アメリカと中国との戦いは、西洋文明を基準とした今の国際秩序を守るための戦いでもあると思います。それはアメリカがナチス・ドイツと戦ったのと同じ意味合いではないでしょうか。

藤井　おっしゃる通りだと思います。チャイナが異質な国であることに、ようやくアメリカも気づいたし、遅ればせながらヨーロッパも気がついた。前章でも触れましたが、ヨーロッパで一番チャイナと近かったドイツでさえ、ここのところ急速にチャイナとの関係を見直しています。

注1：華夷秩序　漢民族は周辺の民族を禽獣（きんじゅう）と見なし、自らが高い文明を持った世界の中心と自負して、上下関係を規定した。たとえば朝鮮や琉球が中国の王朝を宗主と崇めて朝貢し、皇帝はその長を王として冊封（さくほう）するという形式を採った。

注2：阿片戦争　清国に対するイギリスのアヘン密輸を原因として、一八四〇年に始まった両国の戦争である。一八四二年に南京条約が調印され、アヘン戦争は終わるが、清国

はイギリスに対する賠償金と香港の割譲、管理貿易の廃止を強いられた。

今の中国には誇るべき文明がない

藤井　石平さんがおっしゃったように、欧米とチャイナの対立の背後には「文明の衝突」がある。では、中華文明とは何なのか。歴史的に見たとき、それはかなり漠然としているように私は思います。

石平　どういうことですか。

藤井　漢が滅びてからシナには北方民族がどんどん入ってきたでしょう。三国志の時代の後に成立した隋や唐は、それ以前の漢民族王朝ではありません。北方民族の王朝です。モンゴル人の元と満洲人の清も明らかに異民族王朝です。その間に明という漢民族の王朝があったとしても、秦の始皇帝がシナを統一したときから続いてきた文明の何が残っているのでしょうか。外から来た人たちがなんとなく同化して、皇帝制度と華夷秩序のような中華意識は維持されてきた。それから、漢字や中華料理というものもある。しかし、秦・漢の時代から今日まで一貫する中華文明というものはないと思うんです。

石平　たしかに、今、中国には誇るべき文明というものもありません。もし中華文明があったとすれば、南宋で終わった。

藤井　南宋までですね。モンゴルが古いチャイナは全て亡ぼしてしまった。

石平　むしろ中華文明の真髄の部分を受け継いだのは日本だと、私は思います。今の中国は中華文明の良い部分を受け継いでいない。受け継いだのは、皇帝政治と中華思想、ならず者精神です。この三つが結合した化身が習近平であり、彼はこの三つのものを代弁しているんです。

藤井　儒教は日本の皇室に、その完成形があるとも言えます。今のチャイナには、前述したように、中華意識に根を持つ中華ナショナリズムとマルクス主義が合わさった、わけのわからないイデオロギーというものがある。その本質は弱肉強食ということにすぎない。これはすでに申し上げたことですが、それを仮に「中華人民共和国文明」と呼ぶのなら、西洋文明と異質なことは石平さんのおっしゃった通りだと思います。

ヨーロッパ、アメリカの側から言うと、野蛮な「中華人民共和国文明の脅威」によって、西洋文明は危機に直面しているとも言えるわけです。

石平　そうなんです。

藤井　トランプはハンティントンのようなインテリではないけれど、大統領候補時代からの演説を見たり、聞いたりしていて気がついたのは、「ウエスタン・シビライゼーション」（西洋文明）ということを非常に力強く言っていることです。要するに、ヨーロッパはイスラムの難民などが入ってきてダメになり、アメリカが西洋文明の嫡出子で正しい伝統を継いでいる、という意識が濃厚です。そして、われわれががんばらないと、ギリシア・ローマ以来の西洋文明のメインストリームが崩壊してしまうという危機感を持っています。

石平　なるほど。

藤井　西洋文明の危機ということで言うと、過去五百年の近代が育んだ文明、つまり近代文明の危機でもあります。チャイナが世界をコントロールしたら、自由、権利、法治主義——法治主義に古代ローマの時代からあるけれど、その伝統に乗って近代ヨーロッパに法治主義が成立しました——、こういう近代文明が失われる。力の強いものは何をやってもいい、あるいはカネのあるやつは何をやってもいいという世界になる。それは「暗黒の中世」以下の「古代」に逆戻りすることを意味します。古代専制の世界です。

世界に共通する人類の価値観に挑戦する習近平

石平　中国の一番ずるいところは、西洋文明を受け入れずに、それが生み出した成果は盗むんです。強盗的なやり方で、技術やノウハウを奪って、自分たちの産業を強くする。そうして経済力と軍事力を高めてきた。いま、やろうとしているのは、その力を使って、人間の権利の概念や平等の国際秩序といった、西洋文明の基本的なものを破壊することでしょう。

藤井　イスラムの過激派もそうです。彼らはハイテクは好きだが、それを生んだ科学的合理主義を受け入れません。

石平　西洋文明の産物である、技術的装置、技術的創造、知的財産は、国民の権利が保障され、財産権が保障される社会の中で、フェアに競ってつくり出されました。中国のやり方は、新しい技術を生み出す土壌そのものを否定して、フェアな競争をしないし、個人の権利も財産権も保障しない。それは個人的な創造力を尊重しないことだから、中国国内で科学系のノーベル賞が一人しか出ないのは当然の結果です。

藤井　ヨーロッパに行ったチャイニーズは取っていますけどね。

石平　中国系アメリカ人もノーベル賞を取っていますよね。

藤井　そうです。学問の自由、言論の自由、それを尊重しない所に、科学の進歩はないのです。

石平　習近平政権になってから、何が変わったか。一応、鄧小平の時代までは、「われわれは普遍的な価値に反対するわけではない。ただし中国は特別の事情がある。中国は遅れているから、民主主義も人権も、皆さんが理想するところまで達するのは無理だ」という言い方でした。要するに、中国は特例で、とりあえず許してよ、というわけです。

しかし、習近平になったら、「中国は遅れているからやむを得ない」というのではなく、「中国のやり方こそが基準である」と言いはじめた。ならず者の論理を、世界に押しつけようとしているんです。

藤井　チャイナが単にアメリカの覇権に挑戦しているのではなく、世界に共通する人類の価値観への挑戦ということですね。

石平　習近平はわれわれが享受している文明の敵です。ペンス演説を読むと、そういう反発を表明しているのを感じます。その意味では、アメリカと中国の戦いは「文明社会」と「暗黒帝国」との戦いなのです。

この戦いで「文明社会」が負けてはいけない。人権を大事にする。個人を尊重する。フェアな競争で、技術を発展させる。こういう近代文明を、世界中の人々が享受しています。日本はもともと西洋文明ではないけれど、日本人も今、この文明の中で生きているでしょう。

藤井　そうですね。日本は好き嫌いに関わらず、近代文明の側に立っています。これは「文明」対「野蛮」の戦いですね。

石平　だから、われわれは決して傍観者ではないんです。普遍的な文明を守れなかったら、われわれは終わりです。日本は中国の仲間になれるはずがない。そこは認識しなければならないと思います。

近代科学を生み出せなかった中華文明圏とイスラム文明圏

藤井　冒頭でも述べましたが、ハンティントンが晩年の著作『文明の衝突』で、「アメリカの敵はイスラムとチャイナだ」と指摘しましたが、これは正しい。そして、ここから先は私の意見ですが、チャイナ文明圏はアラブのイスラム文明圏と似ていているように思うのです。

石平　どういうことですか。

藤井　ヨーロッパで近代が始まるまで、アラブのイスラム文明圏は古代ギリシア・ローマの文明を取り入れて、科学でも技術でも世界の最先端でした。チャイナも宋代ぐらいまでは、世界の最先端だったでしょう。

石平　そうですね。

藤井　しかし、そのあと、西洋の近代文明にやられてしまった。このことに対して、ものすごくルサンチマンがあるし、アラブ世界ではそういう教育をしています。

石平　なるほど。

藤井　要するに、どちらも過去の栄光はあって、最近の五百年でやられたと思うから、近代西洋に対して、ものすごいルサンチマンを持っている。

石平　それは持っているでしょうね。

藤井　かといって、今、何があるのか。悪いけれど、何もない。そういう状況ではないかと、私は思います。

しかも、彼らは結局、近代科学を生み出せなかったという問題があります。アラブのイスラム文明圏は、近代科学の手前ぐらいまで行ったんです。二次方程式の根の公式を発見した数学者はユダヤ人だったと思いますが、彼はイスラム文明圏の人でした。その意味では近代科学直前のところまで来ていた。

石平　しかし、近代科学はつくれなかったんですね。

藤井　そう。それでいて、ハイテクは好きなんです。アルカイダは最新式のスマート爆弾などを一所懸命につくろうとしていたし、アラブのイスラム圏では一人でスマホを三台、持ったりする人が多い。チャイナも同じではないですか。

石平　そうです（笑）。

藤井　結果としての最先端技術は好き。しかし、その技術を生んだ基礎科学まで遡って研究しようという気はない。イスラム文明やチャイナ文明では、ノーベル物理学賞や数学のフィールズ賞（注1）は無縁ということになります。

石平　中国はまったくありません。

藤井　それは複雑な原因があるけれど、今のチャイナでいうと、学術というものに対する尊敬心がないことは大きいと思いますね。

石平　おっしゃる通りです。

藤井　才能のある人は、すぐに投資などの金儲けに行ってしまう。

石平　いまなら不動産投資に走るのは一番儲かるのです。

藤井　ところが、アメリカでも日本でもヨーロッパでも、お金という価値の他に学識という価値があります。世界的な数学者はお金持ちでなくても、学識があることで尊敬されます。

石平　ノーベル賞を受賞する人もそうですね。

藤井　最先端の分野で、知的なブレークスルーをすることに価値があるという考え方は、今のチャイナにありません。最先端が好きだからリバース・エンジニアリングをやって近づこうとするけれど、ブレークスルーして新しい世界を切り開く意欲はない。

石平　同感です。

藤井　一定の比率で、漢民族にも才能のある人は生まれてくる。石平さんが言ったように、チャイニーズでノーベル賞を取った人もいるし、数学のフィールズ賞を取った人もいますが、いずれも所属するのは欧米の大学や研究所です。学識を尊重する文化の中にいれば、才能ある人は才能を開花させる。しかし、今のチャイナはそういう社会ではない。力がすべてであり、経済的にはお金がすべての価値観になっています。

注1：フィールズ賞　優れた業績を上げた四十歳以下の若手数学者を顕彰する賞。カナダ人

数学者のジョン・C・フィールズが提唱し、一九三六年に始まった。日本人では、小平邦彦、広中平祐、森重文、中国系では丘成桐（中国系米国人）、陶哲軒（中国系オーストラリア人）が受章している。

ターゲットは腐敗幹部から金持ちに変わった

藤井　われわれは意識してないけれど、日本は「近代」の側に立っているし、西洋文明の側に立っている。「日本文明」というと大きなテーマになってしまいますが、私は縄文時代から日本には文明があったと考えています。縄文草創期の一万六千年前ぐらいに、日本人が土器をつくった。これは発見されている中で、世界最古の土器です。古代の四大文明と言うけれど、三内丸山遺跡（注1）を見れば、日本を入れて古代の五大文明といってもおかしくないものがありました。

石平　私も日本は一つの文明圏だと思います。

藤井　その後、チャイナから漢字を輸入したりして、チャイナ文明の影響を受けたけれど、日本文明は滅びなかった。西洋文明が入ってきたときもそうです。西洋文明のショックは二回あります。第一次ショックは、十六、十七世紀にスペイン、ポルトガルが来たときで、この南蛮文化のショックに日本文明は耐えた。そのあと、幕末に西洋文明の第二波が来ても、ちゃんと耐えられて、日本独自のものを発展させてきたわけです。

石平 日本は自力で西洋の近代文明を「消化」「昇華」しましたね。

藤井 幕末から明治にかけて西洋の近代文明を受容したといっても、日本にとってそれほど異質のものではなかった。これに関しては、「平行進化」という考え方が、歴史学者の間では常識になっています。

要するに、世界中で本当の封建制度が発達したのは、日本と西ヨーロッパだけであり――前出の古田博司教授は北インドで封建主義が少し発達したとおっしゃっていて、そういう意味でインドは芽があるのかもしれません――、封建制度が基礎になって近代社会につながるというわけです。「封建制度」が成立していないと、そうはならない。

石平 近代社会につながる「封建制度」のポイントは何ですか。

藤井　まずは分権自治です。これは近代の民主政治とイコールではないけれど、一人の皇帝がいて、他は全部、奴隷というものではなく、自由や法治社会といった要素が育まれます。

例えば、「封建制度」が定着した江戸時代は、ある意味で大変な法治社会でした。暗黙の慣習法もあるし、武家諸法度（注2）のように明文化された法律もありました。

石平　江戸時代の日本でも、財産権が保護されていましたね。

藤井　そうです。個人や共同体の財産権が確立していた。

石平　権力者の大名が商人から借金をしたことは、財産権が政治権力より上である証拠です。もし政治権力が財産権より上ならば、借金なんかしません。

藤井　略奪してしまいますよ。

石平　中国と朝鮮はそれをやった。中国と朝鮮がどうして民間資本を蓄積できなかったかというと、商人がコツコツと貯めたお金を、政治権力が勝手に奪うからです。あらゆる罪名をでっち上げて、商人から財産を収奪・没収する。明王朝は国家財政が窮屈になったら、個人財産を没収したんです。商人を一網打尽にすれば、国家財政が二、三年ぐらいもつ。しかし、これでは永遠に資本主義が育ちません。

藤井 その通りです。今のチャイナと似ていませんか。

石平 今、習近平政権はそれをやろうとしている。今までは、腐敗幹部を摘発して財産を没収し、国家財政に繰り入れた。しかし、腐敗幹部の摘発を永遠にやっていけるわけはない。永遠にやっていったら、習近平自身が摘発されます（笑）。そこで今年（二〇一八年）からターゲットを変え、前述のファン・ビンビン（范氷氷）事件が物語るように、金持ち階層を狙っています。明王朝の再来です。

藤井 毛沢東時代どころか、そこまで戻ったか（笑）。

石平 これでまた数年間は国家財政がもつ。しかし、そのあとはどうするか。予言しておきましょう。外資企業が徹底的に絞り取られるでしょうね。税金、課徴金は当然として、最後は企業の資産を接収してしまう。そうしたら、これでまた何年かもつ。

藤井 私もそうなっていくと見ています。

石平 一番のターゲットは日本企業かもしれません。逃げるならば、五年以内に逃げないと、徹底的に絞り取られます。骨の髄までしゃぶり尽くされる。

注1：三内丸山遺跡　青森県青森にある縄文時代前期の大規模集落跡で、計画的と見られる住居や大型の建物、道路などが残っている。クリなどが栽培されていたことがDNA鑑定でわかった。

注2：武家諸法度　徳川幕府が定めた武家を統制する法。第二代将軍・徳川秀忠が出し、第三代将軍の家光以降、第四代将軍・家綱、第五代将軍の綱吉、第六代将軍・家宣と改定されたが、第八代将軍・吉宗が綱吉の時代のもの（天和令）に戻して、幕末まで続いた。

「決定的な欠陥」を逆に「中国の強さ」に悪用

藤井　近代の話に戻すと、「封建制度」を経て近代は成立する。そこでは分権自治が大きな意味がある。法治主義についてはすでに触れましたが、もう一つ、大事なのは封建時代は部分的にも自由があったことです。つまり、公権力がすべての領域に介入してこない。

石平　そこは皇帝権力とまったく違います。

藤井　江戸は百万都市で、町人が五十五万、侍が四十五万ぐらい住んでいたけれど、警察は岡っ引きまで入れても、五、六百人しかいませんでした。

石平　治安維持は民間でやっていたわけですね。

藤井　そう、ものすごい自治社会なんです。商人なら商人の組合、町人は町単位で自治をやっていて、犯罪者は自分たちで捕まえ、あるレベルまでなら自分たち処理する能力を有していた。ということは、封建時代に近代的な自由の萌芽があったわけです。

石平　そういう自由があったからこそ、江戸時代は思惟的自由、創造的自由があって、独立した知識人や芸術家が輩出されたのでしょう。

藤井　そうですね、限界はありましたが。

石平　例えば儒学者にしても、中国の儒学者と全然違います。中国の儒学者は、まず官僚でなければならない。つまり、皇帝の家来です。ところが、日本の儒学者は伊藤仁斎（注1）にしても……。

藤井　町の儒学者で、官の外にいる。新井白石や荻生徂徠は役人でもあったが、独立した知識人としての風格があった。国学の系統の人もそうです。

石平　どこにも所属せず、誰に頭を下げることもない。町人が自由自在に学問をする。蘭学にしても、数学にしても、いろいろな分野の学問がそうでしょう。

藤井　それが明治維新の礎になりました。

石平　江戸時代は西洋近代文明の土壌と同じだから、日本は明治維新から近代化されたのではなく、既に江戸時代で近代化の準備ができていた。

藤井　西洋文明を受け入れるだけの素地があったと思います。いや蘭学などの形である程度は受け入れていたのです。

石平　日本が近代化を成功できたのは当然だったわけですね。

藤井　これは科学技術という面だけでなく、経済でも近代資本主義の素地がありました。基本に「私有財産」と「法治主義」がなかったら、近代資本主義は成立しない。今、チャイナは資本主義化したように見えるけれど、あれは疑似資本主義です。英語でいえば「pseudo-capitalism」でしょう。共産党がすべてを支配して、自由なマーケットも何もない。見かけだけ資本主義の形を取っている。

石平　本来ならば、それは決定的な欠陥であるはずです。ところが、習近平政権は逆に中国の強さにしている。「フェアでなく、法治主義でなく、権利を守らないことが何だ。だから、俺たちは強い。強いからきみたちの権利を保護しないし、きみたちのものをすべて奪う」。それほど居直る。

藤井　居直ることができたのは中国市場が大きいからでしょう。

石平　そうです。「俺たちのいうことを受け入れろ」「中国共産党が勝手につくるルールに従え」「技術を献上せよ」。いずれも人口十四億の中国市場を餌にしています。

藤井　そうですね。

日本に言論の自由の規制を要求する中共

石平　最近は中国国内だけでなく、自由世界や途上国にも出てきて、近代文明社会の基本を潰そうとする。その典型例が最近ありましたね。中国共産党の幹部が自民党等との会合で、日本の報道を制限しろと発言したでしょう。

藤井　中国共産党中央対外連絡部長の宋濤（そうとう）が、二〇一八年十月十日、北海道洞爺湖町であった日中与党交流協議会で講演し、自民党の二階俊博幹事長や公明党の井上義久副代表らを前にして、日中両国の与党の役割について「民意と世論をリードするべき」と指摘。「メディアに真実を報道するよう働きかけ、正しくない情報は訂正してもらう」べきなどと、半ば、日本のメディアの規制が必要だと語りましたね。言論の自由、報道の自由の否定です。中国共産党が言う「真実」とは、「中国共産党にとって都合のいいこと」を意味します。チャイナではそれだけが真実なんです。そうでしょう。

石平　その通りです。

藤井　東洋史学者の岡田英弘先生が言っていて、まことにもっともだ、とうなずかされたのは、「中国の政治家が正しい歴史認識と言うが、これは日本人の言う正しい歴史認識とまったく意味が違う。彼らのいう、正しい歴史認識とは、そのときの最高権力者の歴史認識のことだ。それ以外はすべて間違った歴史認識だ」という指摘です。日本人は事実に基づいて、客観的に成立しているのが正しい歴史認識だと思うけれど、そういう考えはチャイナには、はなからない。

石平　藤井先生、それも一種の「文明の衝突」ですよ。中国の文化・文明の中で「正しい」というのは「真実」のことではなく、「皇帝の言っていること」、さらには「皇帝にとって正しいこと」を意味します。だから、中国と歴史を議論しても意味がない。

藤井　いや全くそうです。

石平　日本人はまず「事実」がある。中国人は「結論」ありきです。中国人にとっての「事実」は「そうであるべきもの」であって、「そうであるもの」ではない。これは朱子学なんです。朱子学は事実なんてどうでもいい。まず理念があって、事実はそれに合わせるものです。日本と中国の間には、このように文化・文明の深い溝があります。

注1：伊藤仁斎　江戸時代前期の儒学者。京都の堀川に私塾を開き、朱子学的解釈ではなく、直接文章に向き合う古義学を提唱した。

中国が「直接支配」をしたがる理由

藤井　いまのチャイナのやり方は十八世紀、十九世紀、二十世紀前半の西洋列強がやっていた帝国主義そのものです。「ＡＩＩＢ」「一帯一路」は、力ですべて直接支配するということ。力とは、カネと軍事力です。

石平　「一帯一路」のように、弱小国家を借金漬けにして、その借金が返せなくなったら主権を奪うなんてことを、アメリカがやっていたら、世界の半分はアメリカになっているはずです。

藤井　そのチャイナの帝国主義を逆から考えれば、自分たちが力で直接支配しないと安心できないためだと思うのですが、そこに大きな落とし穴があります。

石平　どういうことですか。

藤井　われわれの考え方は国際法とバランス・オブ・パワーです。つまり、相対的に有利な国際状況をつくり、国際法を通して国益を確保していく。国際法を守るということは、国際法が自分を守ってくれるということでもある。

石平　そうですね。

藤井　チャイナはそういうことを信じられないから、南沙諸島にしても、直接支配するしかないわけです。

石平　なるほど。

藤井　しかし、直接支配をしようとすればするほど、軋轢が出てくる。

石平　すでに出ていますね。南シナ海問題（注1）は典型的でしょう。

藤井　そうです。みんながシーレーンを使っているから、南シナ海を世界の公共財だとアメリカが言うのは当然です。チャイナだって、タンカーがあそこを通ってペルシャ湾岸から石油を持ってくる。国際法を守って、みんなと一緒にやっていくのであれば、チャイナも共有できる。

石平　しかし、中国は、「世界の共有財産」ということでは安心できないわけですね。

藤井　自分以外のものは信じられない。自分より力が強いものがいれば、何をやられるかわからない。だから、直接支配しなければいけない。

石平　おっしゃる通りだと思います。

藤井　そこで問題なのは、直接支配が軋轢を生むことです。たとえて言うと、重い荷物を直接動かそうとすれば、ものすごい摩擦が生じるでしょう。軍事でも、経済でも、そうです。無理をして、直接支配しようとしたり、スピードを速くすればするほど、そこに生まれる摩擦、軋轢は大きくなります。これが一つや二つではなく、あらゆるところで起こったらどうなるか。

石平　自滅することになりますね。

藤井　習近平が「高転びに転ぶ」戦略を選んでいるというのは、そういうことです。例えば、重い荷物を山の上に運ぶとき、坂道の傾斜を緩くして、いろは坂のようにすれば、時間はかかるけれど、大きな力は要りません。ところが、直線で押し上げようとすると、ものすごい労力が要るし、やっているほうが疲れてしまう。そういう知恵がいまのチャイナには全然ない。

石平　国際法に関していうと、もともと中華思想の中に国際法という概念がありません。

藤井　支配するか、支配されるか、ですね。

石平　中華帝国の皇帝は徳をもって蛮族を支配し、それでみんなが幸せになるという論理です。

注1：南シナ海問題　南シナ海のスプラトリー諸島（南沙群島）、パラセル諸島（西沙群島）などと周辺海域の領有をめぐり、中国、台湾、ベトナム、フィリピン、マレーシアなどの沿岸諸国で紛争が起こっている。スプラトリー諸島（南沙群島）では、中国が暗礁を埋め立てて人工島を建設し、一方的に軍事拠点化を進めている。アメリカは「航海の自由」作戦を実施して、中国を牽制している。

南シナ海はブラックホールのように中国の財力を吸い込む

石平　藤井先生がおっしゃるように、すべて力づくでやろうとする中国は、「中国の本当の知恵」を忘れていると思います。

藤井　「中国の本当の知恵」とは何ですか。

石平　老子（注1）です。老子という哲学者は、「口の中で歯が先に落ちるが、舌は死ぬまで腐らない」と言いました。なぜか。「歯が落ちるのは歯が硬いからであり、舌は軟らかく無理なことはしないからだ」。あるいは、「世界で一番強いものは鉄ではなく、水だ」とも言っています。鉄は潰すことができるけれど、水はどんなところにも入っていくし、誰も水を潰すことはできないからです。今、藤井先生の話を聞きながら、中国の一番の深い知恵は老子だと感じました。

藤井　なるほど。孫氏の言う「兵は詭道なり」には老子的な間接戦略という意味が含まれているのでしょう。中国共産党も、日本社会への浸透という点では、この間接戦略をうまく使っています。

石平　南シナ海でみんなが秩序を守れば、軍艦を出す必要はなくなるし、軍事拠点も要らない。そもそも軍事拠点をつくることにお金がかかるでしょう。軍を駐留させればもっとお金がかかる。さらに、アメリカがやってくると思えば、軍事拠点を守るために海軍を増強しなければならない。結局、ブラックホールのように、チャイナの財力が南シナ海に吸い込まれてしまう。

藤井 そうです。アメリカはそれを狙っています。

石平 しかし、いくらお金を注ぎ込んでも、最後は軍事拠点を守れない。アメリカがその気になれば、一夜にして、全部、叩き潰すことができるからです。

藤井 二千キロ先からクルーズミサイルを撃ち込めば、お終いです。

石平 はっきり言って、島を軍事拠点にすることは、逆に軍事攻撃のターゲットにもしてしまう。何もつくらなければ、アメリカが軍事攻撃することはありません。空気のように秩序があれば、無理しなくても共有できる。しかし、藤井先生がおっしゃったように、「共有財産」では安心できない中国は、それが受け入れられないんですね。

藤井 先ほども言いましたが、間接戦略で攻めて、最終的には国際法に落とし込み、条約を結んで守ることによって、相対的に有利な状況ができればいい。それをせずに、ストレートな形で、軍事力を振るえば振るうほど、反作用で、摩擦が増えてしまう。チャイナは非常に愚かなやり方をしています。体力、つまり経済力がどんどん消耗してしまう。

石平　中国は自分で墓穴を掘っていると言えますね。しかし、ここまで来たら、貿易戦争で中国に勝ち目がないと同じように、南シナ海でも、文明の衝突でも、中国に勝ち目がないと私は思います。

藤井　同感です。ただ日本に対する間接侵略が非常に心配です。トロイの木馬を日本は国内に抱えこんでいます。

石平　いくら何でも、アメリカ、アジア諸国、西洋諸国、みんなが中国のならず者の論理を受け入れて、習近平の家来になるつもりはないでしょう。藤井先生が指摘したように、ドイツもイギリスも離れているし、EUは完全に中国を批判しています。「一帯一路」に関しても、アジア諸国があちらこちらで反発の声を上げている。何度でも言いますが、習近平は「四面楚歌」です。勝敗は見えています。

注1：老子　中国の春秋戦国時代の哲学者。道家はその思想を基礎とする。生没年不詳で、履歴も不明なところが多い。日本酒の「上善如水」は「最高の善は水のようなものである」という老子の言葉から取っている。

帝国主義が成功するための秘訣

藤井　ウイグル人だって、チベット人だって、元来、おとなしい人たちですから、適度に宗教の自由を認め、食べられるように儲けさせておけば、チベットの水資源でも、ウイグルのエネルギー資源でも、ある意味で取り放題です。全部支配しようとするから、とんでもないことが起きる。

石平　ウイグルでイスラム教の信仰そのものを禁止すると、中国の当局者が言いましたが、中国の仏教寺院に対しても、共産主義を信仰しろと命じています。

藤井「お経の代わりに習近平の書いた文書を読め」という指令が出たというのは本当ですか？

石平　そうそう。仏典の代わりに習近平語録を読ませている（笑）。

藤井　これは前にも言いましたが、いくら共産主義が無神論だとしても、「無神論でないとダメだ」と言ったら、世界中に喧嘩を売ることになる。とんでもなくバカな話です。

石平　ウイグル一つ取っても、緩やかな民族政策をやって、ウイグル人たちに、一定の自由を与えれば、あの地域は経済も発展して、中国の財政的負担ではなくなる。しかし今のやり方は、自由を制限して、反発を呼び起こす。そして、「おまえたちはテロリストだ」と言って、百万人単位で収容する。経済の視点からすれば、これほどの愚策はないですよ。百万人が収容されていたら、その人たちが価値の創造をしない。

藤井　そう。働かないからね。

石平　だから、生産性がない。百万人が生産活動していれば、中国の財政収入も増えます。しかも、収容した百万人を餓死させるわけにいかないから、中国政府が毎日、食わさなければなりません。その費用は中国の国家財政の負担にもなるのです。

藤井　収容所のそばに火葬場をつくっているそうです。初めからいきなり殺すわけにいかないので、わずかの食物で餓死ギリギリに置いておくとしても、無駄な財政支出ですね。それに、最終的には殺して遺体を焼くとき、油が要るから大変ですよ。ただし、殺したウイグル人の臓器移植で共産党は儲けているらしい。

石平　新疆ウイグル地域は「青空刑務所」のようなもので、監視カメラがあちこちにあって、完全なる監視国家。オーウェルの「1984」の世界です。スーパーに入って買い物をするだけでも、検問される。そんなところで、自由な商売ができるわけがない。こんなバカなことは、習近平以外にやる人はいないでしょうね。鄧小平ならやりませんよ。

藤井　世界ウイグル会議の総裁になったことのある、ラビア・カーディル女史というウイグルの指導者がいるでしょう。二〇一八年十月十日にアメリカ議会がチャイナの現状をリポートした場に、彼女も出席していたけれど、もともとはビジネスウーマンとして大成功した人です。だから、チャイナの協商会議か何かのメンバーに選ばれたこともありました。その程度の自由を許しておけば、ウイグル人はおとなしいんです。一日に五回もイスラムの礼拝をやっていたら、中国共産党に刃向わない。彼らなりの信仰と生活に手をつけず、少しばかりスパイを入り込ませて、「こんなことをやっています」と報告させるくらいで十分なんです。

石平　習近平にとって満足できるのは、みんなが収容されて、何もコトが起こらないこと。しかし、それでは新疆ウイグル地域が死んでしまいます。

藤井　その地域の文化に手をつけるとうるさいから、手をつけない。税金と必要な物資だけ、そこから取ってくる。そうすると長持ちします。本当に成功した帝国主義は、オスマントルコでも、イギリスでも、そういうやり方をしていました。

習近平のならず者文化が中国を潰している

藤井　そう言えば、中国共産党はチャイナに進出した外国企業にも共産党支部をつくらせ、その代表を取締役会に入れろと要求しているでしょう。在中ドイツ商工会議所が「経営にまで嘴（くちばし）を差し挟（さしはさ）んでくるのでは合理的経営ができないから、受け入れるわけにいかない」ということを言い始めています。本当にチャイナは直接支配したがりますね。金の卵を生むニワトリの首を絞め殺す愚行です。

石平　外資企業を含めて、中国共産党政権が企業の中に共産党組織をつくることは、貿易戦争がなくても、中国経済の首を絞める。

企業の中に入った共産党組織の人が、おとなしくご飯を食べているわけがない（笑）。むしろ中国共産党という権力があるから、それを笠に着て、経営に口出しする。つまり、経営を妨害するわけで、企業が成り立たなくなります。

藤井　ビジネスは合理的でなければ成立しません。

石平　経済はどこの国でも企業・経営者が担います。企業・経営者が正しい経営判断して儲けるから、経済が回り、その結果、税収も増える。しかし、中国は政府が企業を内部から破壊する。そんなバカなことを、堂々とやっているわけです。

要するに、習近平政権のならず者文化――文明とは言えないから、ならず者文化です――が、経済も文化も、すべての面において、内部から中国を潰すんです。そして、トランプの貿易戦争が外部から中国を潰す。

これは冗談でよく言うのだけれど、今、二人の人間が力を合わせて、中国を潰している。一人がトランプ、一人が習近平。阿吽（あうん）の呼吸で、けっこう二人は仲良くやっているんです（笑）。

藤井　結果として、そういう皮肉な結果になりますね。ソ連を事実上つぶしたゴルバチョフは安泰な老後生活をおくっていますが、習近平にはそれは無理でしょう。

石平　願わくばトランプが次の大統領選挙で再選し、二期八年で「暗黒の中華帝国」を潰すという大業を果たしていただきたい。

藤井　幸いにもアメリカにはまだまだ潜在的なパワーが残っているので「文明の戦い」でもある米中戦争で負けませんよ。

第六章

暗黒の中華帝国が滅びるとき

日本が抱き合い心中に巻き込まれないために
すべきこと

まともに話ができない国は、互恵性で考えなければならない

藤井　二〇一八年十月十日、アメリカの議会と行政府が共同してつくっているチャイナ調査の委員会（Congressional-Executive Commission on China）が、三百二十ページ以上もあるレポートを出しました。議会と行政府ということは、ある意味でアメリカの国家意志を代弁していると言ってもいいでしょう。

石平　そこにはどんなことが載っているのですか。

藤井　チャイナの人権状況が最悪だということが、どこから情報を取ったというソースも含めて、事細かに書かれています。またアメリカの中国共産党への浸透についても指摘しています。十月四日の「ペンス演説」の根拠が示されているのです。

このレポートを発表した当日、記者会見がありました。上院の代表がマルコ・ルビオ。彼はラティーノですが、キューバからの難民の息子ということもあって、強烈な反共産主義者であり、チャイナ批判の急先鋒です。まだ若いのに、共和党の正統派イ

デオロギーを継ぐようなポジションにいて、将来の大統領候補の一人です。

石平　二〇一六年の共和党の大統領選挙予備選に出ていましたね。

藤井　もう一人、共和党のクリストファー・H・スミス（クリス・スミス）という人が下院の代表として、記者会見に出ています。六十四歳の彼の選挙区はニュージャージーで、初当選は一九八〇年。今、十九期目だから、三十八年も下院議員をやっている。

石平　あまり聞かない名前ですね。

藤井　有名な議員ではないけれど、議会でチャイナ問題にずっとかかわってきた人です。それだけに歴史をかなり遡って、「われわれは誤ったシグナルを送り続けてきて、ひどいことになってしまった。今なら遅くないから、われわれ自身が反省し出直すべきだ」と、従来の対チャイナ政策を批判しました。

石平　そうですか。

藤井　地元にハリケーンが来て大変だということで、マルコ・ルビオは早々と退出し、クリス・スミスが結構長い時間、しゃべったのですが、非常にいいことを言っていたと思うのは、例えばクリントン政権の対応に関してです。

「クリントン政権の時、われわれ共和党のスタンスとしては、チャイナの人権状況を見て、改善があれば、最恵国待遇を与えるということで一生懸命やってきた。しかし、クリントン大統領はその期待を裏切り、人権問題に関するわれわれのレポートを無視して、一九九四年に最恵国待遇をチャイナに認めてしまった。経済利益でどうにでもなると、中国共産党は思ったはずだ。そのとき、アメリカは誤った」

石平 その通りです。

藤井 クリス・スミス下院議員は、胡錦濤が訪米して、ワシントンでオバマと会ったときのことを、次のように批判しました。

「われわれは、記者会見でノーベル平和賞の劉暁波（注1）について、（胡に）ひと言ぐらいは言ってほしかった。ところが、記者が人権状況を質問すると、胡錦濤が口を開く前に、『チャイナは状況が違うからしょうがない』とオバマが助け船を出した。アメリカの外交の大失敗だった」

石平　あれは酷かったですね。

藤井　スミス議員は、記者会見で、ジャーナリストに対しても、「アメリカ国内でもチャイナは報道・言論の自由を制限しようとしている。まず、このレポートを読んでくれ」と言って、アピールしていました。

石平　なかなか上手なやりかたですね。

藤井　「まともに話ができない国とは、すべて互恵性で考えなければならない。われわれはチャイナの企業を買収できない。チャイナの企業は日本の企業もアメリカの企業も買収できる。これはおかしい。一番自由がなくて、一番フェアでないのは、チャイナだ」。そして、彼は「全面戦争」という言葉を使っていないけれど、「もう一度、全ての対チャイナ政策を見直すべきだ」とも言っています。

石平　確かに「ペンス演説」に通じるところがありますね。

注1：劉暁波　中国の人権活動家。二〇〇八年に中国の民主化を求める「零八（08）憲章」を起草し発表すると、国家政権転覆扇動罪で懲役十一年の判決を受けて投獄された。

二〇一〇年にノーベル平和賞を受賞したが、中国政府の妨害で授賞式には出席できなかった。二〇一七年六月に末期の肝臓がんと当局が発表、国外での治療は認められず、七月十三日に亡くなった。事実上、中国政府により殺されたのである。

日独伊三国同盟という痛恨の選択

石平 アメリカはトランプ大統領だけでなく、議会も中国に対して厳しい姿勢を取っているようですが、正直なところ、これまでにも何度か指摘しましたが、「今の日本」が私は心配です。藤井先生が問題提起されたように「一番の親中国」になる恐れもあるでしょう。

藤井 暗黒の中華帝国が滅びるとき、抱き合い心中みたいに、日本がからめ捕られてしまう可能性は、なきにしもあらずです。二〇一八年の後半は、国交正常化四十周年と言われて、日本の脇が多少なりとも甘くなってしまった。

石平 そうそう。今、アメリカと徹底的に戦っていく中で、「自分たちの力ではとてもアメリカにかなわない」と中国もわかっています。しかも、ＥＵがだんだん中国から離れていき、アジア諸国も中国に反発してきた。

今後、アメリカは先端技術の中国に対する輸出を徹底的に制限し、中国が先端技術を盗むことを阻止する。中国に一切隙間を与えないとなると、盗む以外に産業を強くする道のない中国は、あらゆる手口を使って日本から盗もうとする。それはスパイ的なやり方だけでありません。中国に進出する日本企業に技術の提供を迫ったり、日本の企業を買収したりして、日本を食い物にするしか取るべき策がないのです。

藤井　日本は警戒心がなさすぎます。

石平　さらに、世界中から新植民地政策と批判され、アジア諸国からもそっぽを向かれ始めた「一帯一路」を延命させるために、日本の支援が欲しくてたまらない。大事なことだから繰り返して言いますが、一番困ったときに、中国は日本のことを思い出すんです。ただし「ネギをしょったカモ」として！

日本はそれなりの経済力を有し、国際的な影響力もある。特に安倍政権が六年間続き、まだ続く。安倍首相の個人的な力もあって、国際的発言力は昔と比べにならないほど大きくなっている。過小評価する人もいますが、とんでもない話です。

藤井　Ｇ７のメンバーで、安倍首相以上に長い間、政権を保っているのはドイツのメルケル首相だけです。しかし、メルケルは州選挙で負け続けて、勢いが落ち、次回の党首選に出ないと発表したけれど、「首相職も任期の途中で辞めるのではないか」と囁かれる有様です。だから、一般の日本人が思っている以上に、安倍首相は国際的な影響力がある。

石平　そういう意味では、中国が生き残るために、日本を徹底的に利用するのは火を見るより明らかです。そんな中国に日本はどう対応するのか。思えば、中国共産党が現在と同じような窮地に立たされたことがありました。

藤井　天安門事件のときですね。

石平　西側諸国から制裁されて四面楚歌になった中国は、日本を突破口に利用しました。訪日した江沢民が宮中晩餐会で、日本軍国主義を語ったことを覚えている方もいると思いますが、実はその前に一回、日本に来ているんです。何のために来たか。天皇陛下の訪中工作です。まんまと自民党がまるめこまれて、宮澤喜一内閣が許しがたい大罪を犯してしまった。この時期に中国の外相を務めた銭其琛という人が回顧録（『銭其琛回顧録』東洋書院）の中で、「日本の天皇の訪中で、中国が国際社会に復帰できた」と、自分の手柄として書いています。

おそらく財界からも要求があって、宮澤首相もハト派（パンダ派）でしたから、天皇陛下を利用してしまった。それは日本が魂まで売って、中国を助けたことになります。それで徐々に元気を取り戻した中国は、江沢民がクリントン大統領と、いい関係をつくった。

藤井　クリントンは、お金と若い女性にはすぐに飛び付く男だったから（笑）。

石平　クリントンの招きで、江沢民がアメリカを国賓として訪問する際、まずはハワイの真珠湾に行って、日本軍によって撃沈された「アリゾナ」を視察し、「われわれはアメリカとともに日本帝国主義と戦った」とスピーチしました。それ以来、中国は日本潰しに走っています。イソップの寓話か何かに、農夫に救われた毒蛇が農夫を嚙んでしまう話がありますが、その典型的なものです。

藤井　同じ話は日本にも伝わっています。

石平　今回、窮地に立たされた習近平政権は、江沢民政権と同じように、あの手、この手を使って、日本に接近してくる。日本の技術を盗む。「一帯一路」の延命に協力してもらう。さらに、「自由貿易」を振りかざして、日本を米中貿易戦争に巻き込む。最後は日本の領土、例えば尖閣、沖縄を奪う。生き残るために、日本を徹底的に利用する策略がすでに始まっています。二〇一九年はさらに拍車がかかるでしょう。それにわれわれがどう対処するか。これは大問題です。

藤井　日本は一度、似たような状況で大きく誤ったことがあります。それは一九四〇年の日独伊三国同盟です。当時、イタリアはともかく、ドイツはすでに戦争していました。そのドイツとの同盟は、英米と戦争するということと同じ意味です。しかし、一九四〇年時点で、日本はまだ英米と戦争する気はなかった。ドイツの勢いが非常に強かったから、アメリカやイギリスに対抗するために、「ドイツと同盟関係を結んだら、抑止力になるだろう」と考えたのです。ところが、抑止力になるどころか、逆に第二次大戦に巻き込まれてしまった。

石平　痛恨の間違った選択でした。

藤井　チャイナ経済の将来はまだまだ明るいから、一緒にやればチャンスがあるなどと考え、選択を誤ったら、二度目の大失敗です。かつて国を滅ぼしたけれど、今度はもっとひどく国を滅ぼすことになりかねません。

石平　まったく同感です。

習近平はプーチンの爪の垢を煎じて飲んだほうがいい

藤井　米中が戦っている現在、対チャイナ政策を考えるときに見落としてならないのは「ロシアがどう動くか」ということです。ロシアは最終的にアメリカのサイドを選ぶと、私は思います。プーチンは非常に賢い指導者です。負ける側につきますか。勝つ側につくに決まっているでしょう。

石平　そうですね。

藤井　ただし、自分の立場をなるべくアメリカに高く売りたいから、プーチンがいきなり、トランプに対して「仲良くします」とは言いません。相当な駆け引きはあるでしょう。しかし、どちらが勝つか、はっきりしているのだから、プーチンはアメリカにつく。細かい議論はいろいろあるけれど、二〇一八年七月十六日にヘルシンキで米露首脳会談をやって、プーチンとトランプは、だいたい大きな意味の枠組みのディールはできたと、私は見ています。

石平　藤井先生は、トランプが一にIS、二にチャイナ、三にロシアを脅威と考えていて、ISがなくなったから、一にチャイナ、二にロシアになったとおっしゃいました。首脳会談の大きな枠組みとは、そのあたりも関係するのでしょうね。

藤井　これも文明論的な話になるけれど、ロシアという国には、自分たちが東ローマ帝国の末裔だとする考え方があります。本当はモンゴル帝国の末裔で、モンゴル人に文明を教えてもらったのだけれど、そのことは括弧に括って、知らんぷりしています（笑）。

だから、プーチンは自分のことを「東ローマ皇帝の末裔」と位置づけているように見えますね。つまり、「東ローマ文明圏を守っているのが自分だ」というのが、おそらくプーチンの自意識です。ギリシャ正教の聖地のアトス山に行って、東ローマ皇帝が座っていた椅子に座って喜んだことは、それを物語っている。

石平　そんなことがあったのですか。

藤井　ロシア民族主義のプーチンは「アメリカに対抗して、世界の覇権国になる」なんて、今まで一回も言ったことがありません。アメリカの力を利用しながら、ユーラシア大陸の真ん中で徐々にロシアの力を復活させていく。そういう「陣地戦」を考えていると思います。

石平　習近平とは対照的な地道な戦略ですね。

藤井　逆に、中国共産党幹部の発言の端々から「世界支配」の意図が露骨に表れていますね。前にも触れたように、「太平洋は米中の両方がはいれる広さがある」と言って、西太平洋はチャイナ、東太平洋はアメリカという構想をほのめかしただけではなく、「アメリカ帝国主義は落ち目だから、われわれが世界を支配する。これがチャイナドリームだ」とも言っている。こういった「アメリカに取って代わるぞ」という発言をプーチンはしていません。もっと慎重です。

石平　習近平はプーチンの爪の垢を煎じて飲んだほうがいい（笑）。

藤井　ドル建ての経済規模を見ると、ロシアは韓国より小さい経済国家です。だから、世界の支配者になれないことは、プーチン自身がよくわかっているんです。ただし、プーチンとトランプが会ったとき、記者会見を一時間ぐらいやりましたが、「世界を仕切っているのはいまだに米露だ」と、プーチンは言いました。「世界の戦略核の九六％は米露で持っていて、軍事的にはナンバーワン、ナンバーツーである。われわれが協力すれば、世界は安定する」と豪語している。

石平　それはそうです。負け惜しみではない。

藤井　アメリカとロシアはＩＳ潰しを一緒にやって、外から見るより親密です。これは余談ですが、実はアメリカ――というより、オバマ政権――がＩＳを育てたという側面もあるんです。

石平　どういうことですか。

藤井　オバマ政権でヒラリー・クリントンが国務長官のときに、兵器を彼らに横流しをした疑いがある。それは、ほぼ確かです。ＩＳと戦っている勢力に供与する兵器が、いつの間にかＩＳのほうに行っていた。だから、大統領選挙のときに細かな話はしなかったけれど、トランプが「ＩＳを育てたのは、オバマじゃないか！」と非難した。ちょっと事情がわかっている人は、みんな知っていることです。

石平　そうなんですか。

藤井　ヒラリー・クリントンの側近ナンバーワンの女性秘書にフーマ・アベディンという人がいます。エジプト出身のイスラム教徒で、おもしろいことにリベラルなユダヤ人と結婚しているんです。しかし、彼女はイスラム同胞団の元メンバーだった。

石平　アメリカも危ないところまで行っていたのですね。

藤井　話を元に戻しますと、トランプの意識は、西ローマ帝国を引き継いだ正統な嫡出子がアメリカ合衆国であり、自分が西ローマ皇帝の末裔である。プーチンは東ローマ帝国の末裔だと思っている。この二人は「キリスト教世界を守る」という点で通じ合えるわけですよ。

石平　なるほど。

藤井　プーチンとトランプは、お互い、自分のほうを少しでも有利にしたいと思っているから、中東でもどこでも、せめぎ合いをやる。しかし、白人キリスト教徒という共通基盤がある。これは、二〇一九年以降の国際政治を読み解く上で、非常に大事なポイントだと思います。

中国についたら、米中のどちらが勝っても日本は終わる

石平 プーチンが心の中で本当に厄介だと思っているのはチャイナではないでしょうか。チャイナの覇権主義は西側にとって脅威というだけでなく、プーチンにとっても脅威でしょう。

藤井 おっしゃる通りです。ロシアとチャイナの国境線——モンゴルは基本的にロシア圏なので、モンゴルも含めて考えます——はものすごく長い。国境や勢力圏が接している大陸国家同士は仲が悪いという地政学の常識からすれば、ロシアとチャイナの仲が悪いのは当たり前です。ヨーロッパの歴史でいえば、ドイツとフランスや、ドイツとロシアみたいなものであり、ロシアとチャイナは地政学的にも仲良くなれないんです。

石平　「一帯一路」にしても、プーチンからすれば、藤井先生がおっしゃった東ローマ帝国の庭を荒らすようなものです。そのまま行ったら、ロシアの周辺の国々は全部、チャイナの勢力範囲に入ってしまう。

藤井　中央アジアがチャイナに取られたら、ロシアの死活問題です。

石平　だから、プーチンはいつかの時点で、習近平叩きに転じると思います。プーチンはそこのタイミングを見ている。

藤井　私もそう予測しています。

石平　いまは中国にお金があるから、ガス・石油を買ってくれる。それがプーチンにとって一番大きいメリットでしょう。

藤井　兵器も売っている。

石平　そうですね。しかし、カネの切れ目は縁の切れ目。ロシアと中国の関係もそうなるかもしれない。そのとき、中国はますます孤立化していく。そんな彼らにとって最後の延命策が、徹底的に日本を巻き込んで利用することです。

藤井　石平さんの心配事に話を戻すと、日本はどうするのがベストなのかは明白です。

石平　日本はアメリカの側に立って、中国と対抗するしかないというのが、私の結論です。

藤井　日本に選択の余地はありません。

石平　アメリカと中国が徹底的に喧嘩するのではなくて、ある程度連携している時代なら、日本はアメリカの同盟国でありながら、中国といい関係をつくることもできる。歴史を振り返ってみると、田中角栄が中国との国交正常化に踏み切ったのは、ニクソンが先に中国に行ったからでしょう。ニクソンが中国を相手にしたから、日本は中国と国交正常化しても構わなくなった。

藤井　ただアメリカの前に国交正常化したのでアメリカが怒ったのです。

石平　朝鮮戦争が終わってからの米中は戦っていません。アメリカはソ連と戦っていた。だから、ニクソン訪中以前は、米中対立というより、断絶していただけです。しかし、これからの時代はまさに米中が真正面から、政治、経済、軍事、あらゆる面でぶつかり合う。アメリカは中国を一番の敵として、しかも文明の敵として戦う。そうなると、日本には両方にいい顔をする選択肢はなくなります。あらゆる意味において、米中対立時代に、日本という大国は中立など許されない。どちらにつくか、必ず問題になる。

藤井　アメリカをもっともっとけしかけて、日本は徹底的にチャイナを叩かなければダメです。

石平　この歴史的な大きな流れを日本人は充分に理解して的確に対応していないと私は思います。もっとも、それは無理もない。つい半年前に、こんなことになるとは誰も考えなかったのですから。しかし、確実に米中冷戦時代に入った現在、藤井先生がおっしゃったように、日本はアメリカにつくか、中国につくかを決めなければいけない。

藤井　日本がチャイナ側につくシナリオは自殺行為です。

石平　現実的ではないけれど、もし日本が中国についたならば、どうなるか。アメリカが中国との戦いに勝って中国が潰されると、中国についた日本はアメリカから叩かれて、すべてを失う。要するに、中国と共倒れになるんです。

万が一、中国がアメリカに勝ったら――中国が勝つ可能性はほとんどないけれど――

――すると今度は日本は中国に叩かれます。それこそ中国に徹底的に見捨てられて、いじめられて、すべてを奪われる。

藤井　日本は「倭人自治区」にされるでしょうね。

石平　そういうこともあり得ると思います。要するに、アメリカという同盟国を失った日本は、中国にいいようにやられてしまう。おそらく安倍首相は絶対にそんなことをしないと思うけれど、もし日本のバカな指導者が中国につくという選択肢を選べば、アメリカと中国のどちらが勝っても、日本は終わりです。

したがって、日本はアメリカにつく以外の選択はあり得ません。アメリカは日本の軍事同盟国であり、お互いに民主主義国家であり、共通した近代文明の価値観がある。日本の政治は世界が変わったことを、きちんと認識した上で、日本の選択肢を選ぶしかないと問題提起したい。

藤井　全面的に賛成です。

石平　昔の日米同盟は対ソ連でしたが、今は完全に対中国です。今、日米同盟は新しい意味を持つようになりました。時代が変わったことを、日本は認識しなければならないと思います。

虚妄の「米中共謀論」に気をつけろ

藤井　私は二〇一三年初めに『米中新冷戦、どうする日本』（ＰＨＰ研究所）という本を上梓してから、ずっと石平さんがおっしゃったことを言ってきました。

石平　二〇一三年ですか。それはまるで予言者ですよ。

藤井　米中対決時代の到来については、石平さんとよく対談する評論家の宮崎正弘さんも、同じようなことを指摘していました。

石平　そうですね。

藤井　結局、米中の進路を考えれば、やがてぶつかるに決まっているんです。そのとき、日本の選ぶべき選択肢は、ともかくアメリカと一緒にやるしかない。すでに憲法九条を全面修正して、核兵器でも持っていれば、「独自にやる」と言えるけれど、そこまで準備ができていない。だから、アメリカが好きでも嫌いでも、アメリカと一緒に勝ち抜くしかない。そういうことを二〇一三年に申し上げました。これはそのとおりになっていると思います。ところが、日本のマスコミは、自由貿易を破壊しているトランプが悪いという論調です。

石平　関税をかけるのは保護主義だから悪いとか言っていますね。

藤井　比較的穏健な論調だが間違っているのは、「米中がうまく自由貿易を尊重するように、安倍さんは仲介役をやれ」。こんなこと、ありえないですよ。

石平　それはありえない。

藤井　それから、陰謀論的に出てくるのは米中共謀論です。

石平　アメリカと中国が結託して、日本を叩こうとしているという論ですね。

藤井　米中がつるんでいる時代は確かにありました。一九八〇年代に日本経済がものすごく良くて、日本の製造業はアメリカを上回った。対等に競争したら、何をやっても日本が勝ってしまう時代でした。そこからアメリカは金融で日本を叩き始めるのだけれど、そのときにアメリカは、チャイナを製造業のセンターで使おうとした。

石平　図らずも米中が、日本叩きで共謀したわけですね。

藤井　だけど、日本が叩かれて、チャイナがアメリカの仲間になるかと思ったら、独自の覇権を求め始めた。つまり、「ソ連は滅び、伸びてきた日本を叩いたら、チャイナがさらに勃興してきた」という図式になってしまった。アテが外れた。

石平　そうですね。

藤井　チャイナ・ウォッチャーといえるのかどうかわかりませんが、チャイナに行って要人の話を聞き、日本で書いたり話したりする人が何人かいる。そこには必ず米中共謀論が入っています。

石平　実は、彼らが共謀している（笑）。

藤井　最近、おもしろいと思ったのは、貿易戦争がチャイナにプラスだという話です。「中国は鎖国しようと思っていたから、アメリカがやったことは中国共産党の思うつぼだ」とか言うわけ。

石平　それはまたすごい発想だ（笑）。

藤井　彼らの言っていることは、中国共産党が常に一番うまくやっているという話なんです。日本はアメリカに騙されているという設定なんです。だから、「尖閣列島に日本が自衛隊を置かないのは、アメリカが置くなと言っているからだ」なんてことを話したりする。

石平 日米間に楔を入れるような話ですね。

藤井 尖閣に自衛隊を置かないのは、日本がビビっているだけの話であって、米の介入には、何の証拠もない。そういう話をする人たちには気をつけないといけません。

中越戦争でソ連はモンゴル国境に精鋭部隊を配置した

藤井 今、アメリカが関係を強化しようとしている国は、はっきりしています。まず、日本。これは日米同盟を強化する。次に台湾。国防権限法(National Defense Authorization Act)にもはっきり書いてあって、台湾は事実上の同盟国扱いです。それから、ベトナム。ベトナム戦争を戦った相手であり、一党独裁が続く国ではあるけれど、アメリカはベトナムとの関係を深めようとしています。ベトナムにしても、とにかくチャイナが嫌いで、ずっとライバル関係だから、アメリカと組まざるを得ない。

その他に、関係が安定しているのは核武装国のインドです。

さらには、日本はインドネシアに海上保安庁の使っている最新式の巡視艇――事実上の軍艦です――を送っています。だから、インドネシアも仲間にする。またマレーシアが最近、マハティール首相の復活によって、こちらへ来ているので、日本、台湾、ベトナム、インドのラインに、イスラムの国であるマレーシアとインドネシアも含めてシーレーンを囲み、南のほうからチャイナ包囲網をつくる。そして、北側でロシアやモンゴルと結べば、チャイナを完全に包囲することができます。今のアメリカの戦略は、だいたいそんな感じだと思います。

石平　なるほど。

藤井　フィリピンがアメリカのサイドに入るかどうかは、まだ揺れ動いています。

石平　フィリピンが揺れているのは、中国とアメリカが完全に喧嘩別れになっていないからです。完全に戦うことになったら、フィリピンはおそらくアメリカにつくと思います。

藤井　そう願いたい。デュテルテ大統領にそういう神様のお告げがありそうです

（笑）。この対中包囲網に、ささやかながら私も協力しています（笑）。

石平　えっ？　どんな協力ですか。

藤井　モンゴルの人やベトナムの人が来ると、「とにかく今はアメリカと仲良くしろ」と話すだけですが（笑）。モンゴルは七十年、ソ連の属国だったけれど、どういうわけか、モンゴル人はロシア人と仲がいい。でも、モンゴルにはチャイナ経済の浸透で親中派が増えていて心配です。下手をすると、「内モンゴル自治区」同様に「外モンゴル自治区」になりかねない状況です。ただモンゴル人も基本はチャイナ嫌いです。

石平　そのようですね。

藤井　ベトナムの人には「ベトナム戦争があったけれど、アメリカと組まなかったら、チャイナにやられてしまう」と言っています。日本が憲法九条を全面改正して、核兵器を持っていれば、「アメリカなんか無視していいよ。日本と一緒にやりなさい」と言いたいところですが、残念ながら、そうではないから、「取りあえずアメリカと仲良くやりなさい。まずは、チャイナを凌がないことにはしょうがないから」という話をしているわけです。

石平　軍事的な貢献ができないというのが、日本の厳しい現実です。

藤井　これも余談になりますが、先日、モンゴルの政府高官からおもしろい話を聞きました。一九七九年に中越戦争があったでしょう。

石平　鄧小平がベトナムに教訓を与えるとか言って、ベトナムに侵攻しましたね。

藤井　中越戦争の最中にソ連が三方からモンゴルに軍隊を入れて、チャイナとの国境地帯にズラリと並べたのだそうです。

石平　そうでしたか。

藤井　これは私も知らなかった。ベトナムはソ連の子分だったから、「チャイナがベトナムから撤兵しなかったら、北から攻めるぞ」といって、モンゴルの国境にソ連赤軍の最精鋭部隊を張り付け、中国を脅かしたわけです。「あれは効いたと思いますよ」と、モンゴルの人は言っていました。

石平　先ほどおっしゃったアメリカの戦略に対して、中国は二つの突破口に望みを掛けています。一つが北朝鮮を籠絡して、北朝鮮をさらに不安定の要素にする。

藤井　アメリカが北朝鮮問題に対処・忙殺されることで、チャイナ問題に集中できないようにするという策ですね。

石平　もう一つが、日本です。特に日本の場合は、政界、財界にいわゆる親中派（パンダ派）がいっぱいいるから、そういう人も使って、あの手、この手で、中国側に引っ張り込もうとする。日本が中国につけばベストですが、少なくとも日本がアメリカの中国包囲網に加わらず、中国と友好関係を継続するだけでも、中国にとって救いになります。

もちろん、日本が中国とすべて関係を断つということは不可能です。しかし、日中友好はもはや有害無益の何ものでもない。そういう意識転換をしなければなりません。

藤井　その通りです。

石平　アメリカがチャイナから締め出されることが、日本にとってチャンスだと思ったら、それは泥棒根性です。そんな泥棒根性で、うまくいくはずがない。日本の企業はチャイナと距離を置くだけでなくて、五年後を見越し、サッサと出ないといけません。

「誰がいいか、誰が悪いか」は判断基準にならない

藤井　二十一年前の一九九七年に出た、リチャード バーンスタインほかによる『The Coming Conflict with China』という本があります。『やがて中国との闘いがはじまる』(草思社)として訳出されています。オムニバス形式で、何人かの専門家が書いています。当時はチャイナに対して楽観論と悲観論がありましたが、この本は、「チャイナはやっぱりダメだ。中国共産党の本質は一つだ」という徹底的な悲観論なんです。

石平　それは正しかった。

藤井　そうです。楽観論と悲観論を総括すると、悲観論が正しく、楽観論は間違っていた。チャイナは経済的に力をつければつけるほど、ますます政治的、軍事的に過激になり、対立的になってきた。だから、アメリカの中にも親中派はいたけれど、最近は親中派が表に出てこなくなりました。

石平　問題は日本です。一番異常でしょう。

藤井　そうなんですよ。半年前までは、負け組はチャイナとヨーロッパで一番つるんでいるドイツだろうと思っていました。気がついてみたら、みんな立ち位置が違っていて、今はドイツどころか、日本が一番中国の近くにいるような気がします。

石平　いまだに日本で、親中派が健在。テレビの主流は親中派で、政界も親中派が多いし、財界も結構、親中派が主流でしょう。

藤井　問題は政財官界の親中派とマスコミの親中派ですね。彼らは「経済戦争はトランプが悪い。日本や他の国が迷惑を被っている。だから、チャイナも問題があるけれど、アメリカが悪い」という言い方をする。これに乗せられたら、えらいことになりますよ。

石平　アメリカは別に悪くない。「公正な貿易」を求めているだけでしょう。本来は「不公正な貿易」をしてきた中国が一番悪い。

藤井　そうです。日本も被害者です。

石平　百歩譲ってアメリカが悪いとしても、日本がアメリカにつくべきです。日本の国益と日本の将来にとって、何を選ぶのが有利なのかで冷徹に考えるべきです。

藤井　勝つ側につくしかない。

石平　今回の選択を誤ったら、藤井先生がおっしゃったヒトラーとの同盟と、同じ誤りを犯しますよ。

藤井　「第二の敗戦」になります。

石平　そうそう。

藤井　ちなみに、くり返しになりますが、チャイナの間接侵略も警戒すべきです。これは産経新聞の佐々木類さんが、『静かなる日本侵略 -中国・韓国・北朝鮮の日本支配はここまで進んでいる』（ハート出版）で指摘していることですが、ある埼玉県の団地では中国人が多数派になったそうです。私の住んでいるところの隣町の団地も、チャイニーズの拠点みたいになっています。公営団地でも数が増えると、日本人が住まなくなる。

日本に住む中国人の何人かに一人は、共産党や軍の教育を受けた破壊工作員です。それが有事の際に司令塔の役を果たす。軍艦が尖閣に来るのはわかりやすいけれど、企業や土地の買い占めや自衛隊も含めて、日本が間接侵略を受けていることに気をつけなければいけません。

グーグルは中国に屈服して、魂を売ったのか

石平 今、日本のやるべきことの一つは、「一帯一路」の向こうを張って、アメリカと連携し、アジア諸国の援助のための受け皿をつくってあげることです。

藤井 「一帯一路は新植民地主義でけしからん」と言っているだけではしょうがない。みんな貧乏だから、ＡＩＩＢでカネを借り、「一帯一路」でインフラをつくろうとしている以上、発展途上国がチャイナのほうになびかないように、具体的なインフラ投資の枠組みをつくる必要があります。

石平 アジア諸国が「一帯一路はろくなものではない」とわかっても、お金の魅力がある。「一帯一路」を捨てたら、自分たちの経済がどうなるかわからない。だから、民主主義国家のフェアな精神で、アジア諸国があういう「サラ金」に手を出さなくてもいいようにする必要があると思います。

藤井　銀行からちゃんと融資を受けられるシステムをつくればいい。

石平　そうです。日本がそれをやらなければ、中国というサラ金に手を出す以外ない。しかし、いったん手を出したら終わりです。

藤井　チャイナの「一帯一路」に手を出さなくてもいいように、アメリカも発展途上国のインフラ開発のための資金を政府が六百億ドル（約六・八兆円）準備することが決まりました。この事をペンス副大統領は十一月十七日のＡＰＥＣでの演説で発表しました。

石平　繰り返しになりますが、今後も、たとえリップサービスであっても、安倍首相はじめ日本は「一帯一路に協力する」と言ってはいけません。それが建前であっても、国際社会は日本の総理大臣や重要人物の発言が建前か、本音かをいちいち詮索しない。「一帯一路に協力する」と言ったら、日本はサラ金に加担するという話になる。日本が中国と組んだら、まっとうな都市銀行とヤクザのサラ金が一緒になるようなものです。そういう意味では、日本の責任は重大です。

藤井　本当に責任は重大です。トランプにしても、決して楽な戦いではなくて、米国内にもキッシンジャーのような親中派はいるわけです。アップルはチャイナでやっているクラウドの管理を、チャイナの企業に移管した。これはアップルを使う人の情報が全部、中国共産党にダイレクトに行っているということです。十何億人のマーケットに魅力を感じる経済人、カネさえ儲かればいいという輩が米国内にもいて、それと戦いながらトランプはやっている。安倍首相も大変だろうけれど、日本国内の敵と戦う覚悟でやっていただきたい。

石平　そう言えば、グーグルが中国に入ろうとして、ユーザーの個人情報を提供するそうですね。グーグルも中国に屈服して、資本主義の魂を売った。あれは糾弾すべき出来事です。

藤井　まだ最終決定していないけれど、「ドラゴンフライ」という名前の、中国共産党が望むような検閲を入れた検索エンジンをつくって試験運転しています。十月四日の「ペンス演説」では、グーグルの社名とドラゴンフライというプログラムの名前を挙げて、「ストップしろ」と要求しました。実際上は部分的に稼働していると思いますが、ギリギリのところで止まっています。グーグルにとっても運命の分かれ道です。

石平　話がさらに横道に逸れますが、ＩＴ関係企業には中国人がかなり入っていますね。

藤井　ハード面でいえば、半導体製造にしてもそうです。チャイナは半導体をつくる技術がなかったけれど、これから世界の半分以上の半導体をつくろうとしている。そのチャイナの企業に今、一番引き抜かれている半導体製造のエンジニアが台湾人だそうです。優秀な人にはすごくいい条件が提示されて、行ってしまう。

石平　中国語が同じだから、台湾人を引き抜いたらすぐに使えますからね。

藤井　言葉が通じるというメリットは大きい。台湾は独立を維持しなければいけない立場にあるけれど、お金のために向こうに行く人が、相当いるらしいですよ。

ＦＲＢの利上げが中国の経済力をそぎ落とす

藤井　最後に経済の問題を言っておきますと、今、アメリカが金利を上げています。良くなった景気を加熱させないためであり、当然のことをやっているのですが、チャイナとの貿易戦争などで心理不安があるところに金利を上げるから、株が下がったと言われました。しかし、株は心配ないと、私は見ています。

石平 なぜですか。

藤井 アメリカは実体経済がいいからです。だから、二〇〇八年のリーマンショックの再来はない。あのときはアメリカ経済自身がバブルで、国内に原因があった。対外的な要因で若干景気が悪くなっても、アメリカ本体は丈夫だから、大きな経済破綻には至りません。

それから、金融規制法も二〇一〇年にドッド・フランク法（リーマンショックの再発防止を目的として、オバマ政権時代の二〇一〇年に成立した法律）をつくり、複数回、金融機関のシリアスなストレス・テストをやっています。ですから、たとえ相当なショックが来ても、アメリカの金融機関は潰れない。潰れた場合、どうするかという方策まで、金融機関に「遺書」を書かせているんです。

石平 「遺書」とは何ですか。

藤井 「過剰債務で潰れたとき、どの資産から順番に売るか」ということを書かせたものです。つまり、小さなショックが大きなショックにつながらないようにしている。この何年間か、リーマンショックの対応策をアメリカは本気でやりました。

石平　二〇一八年九月にＦＲＢが金利を上げたとき、トランプは文句を言ったけれど、これはどんな意味があるのですか。

藤井　トランプは「しょうがない」とわかっていると思います。アメリカも苦しいけれど、チャイナはもっと苦しい。途上国からドルが引き上げられてアメリカに戻ってくる。途上国にとってドルの調達コストが上がっている。これで一番苦しむのはチャイナなんです。要するに、チャイナの力の元だったドルを稼ぐ力を叩いて、ドルを絞り取ってしまおうというのがアメリカの戦略であり、「金融戦争」は我慢比べになります。アメリカが多少傷つくのは承知で、トランプはやっていると思います。

石平　財政的にはどうなのでしょうか。レーガン大統領がソ連と軍拡競争を始めたとき、「軍拡をやったらアメリカの財政が破綻して、共倒れになるからやめたほうがいい」という議論がありました。結局、ソ連がギブアップして、問題はなかったけど。

藤井　タメにする議論です。後に正しかったことがわかったということでは、レーガン時代の「日本は（ソ連に対して）不沈空母になる」という中曽根康弘首相の発言があります。

石平　あの頃の日本は正しい選択をしていたんですね。

藤井　そうでなかったら、まだソ連は残っていたでしょう。

石平　その意味で、政治家は先見性が大事ですね。将来の十年、二十年を見据えて、決断しなければなりません。本書がその予見のために役立つことを祈ります。

おわりに――日本には「中国につく」という選択肢はありえない

米中貿易戦争が展開されている最中の二〇一八年十月初旬と十一月初旬、藤井厳喜先生と二回にわたって長時間の対談を行った。そこから生まれたのが、本書（『米中「冷戦」から「熱戦」へ』）である。

藤井先生とは十数年以上の長いお付き合いであってさまざまな場面で語り合うことはよくあるが、出版の企画として対談したのは今回が最初である。「米中冷戦」という大いなるテーマを巡って論を交わしていくと、大いに感心したのはやはり、米国の国内情勢に対する藤井先生の圧倒的な情報量と深い洞察と、国際情勢全般に対するその鋭い分析である。

私にとってはこの対談は、日本国内でトランプ大統領の当選を見事に予言したわずか数人の中の一人、藤井厳喜さんという不世出の国際政治学者の底力を見せつけられた知的真剣勝負であり、多くのことを学ばせてもらった貴重な機会でもあった。

そして対談が終わって本書の編集・校正が進められている中で、私たちの予測通り、米中冷戦はよりいっそうの熾烈化を見せてきているのである。

十月四日の中国問題演説で中国に対する事実上の「宣戦布告」を行なったペンス米副大統領であるが、十一月十二日付の米紙ワシントンポストのインタビュー記事において、ペンス副大統領は同じ十一月末に予定されている米中首脳会談について、「それが中国は米国との冷戦を避けるための最後のチャンス」と述べた上、中国に対して「アメリカの望むように経済的・軍事的・政治的行為を大きく変化させること」を迫った。

ここではペンス副大統領が「冷戦」という言葉を初めて口にしたのと同時に、経済・軍事・政治などにおける中国側の「降伏」を迫り、事実上の「最後通告」を行なったのである。

そして、十一月十八日に開かれたアジア太平洋経済協力会議（ＡＰＥＣ）首脳会議はまた、米中両大国激突の舞台となった。

ＡＰＥＣ首脳会議開催前日の十七日、中国の習近平国家主席と米国のペンス副大統領は、開催地のパプアニューギニアの首都ポートモレスビーで相次いで演説した。講演の中で習主席は「我々は保護主義や一国主義に反対し、多国間貿易体制を守る」と訴え、貿易をめぐって対立する米国を牽制したのに対し、ペンス氏は中国を念頭に、「独裁主義と侵略はインド太平洋に居場所はない」と述べ、両首脳が激しい応酬を繰り広げた。

翌日の十八日に開かれた首脳会議でも米中両国が激しい攻防を展開した。米国は会議で、中国が国有企業に巨額の補助金を出していることや、国外の企業に技術移転を強要していることを批判した。そして中国を念頭に、世界貿易機関（ＷＴＯ）を改革する必要性を宣言に盛り込むよう提案した。

これには中国が猛反発した。米国を念頭に保護主義や単独主義的な動きを批判するとともに、米国の提案に反対した。議長国のパプアニューギニアはその板挟みにあってどうすることもできなかった。

その結果、議長国のパプアニューギニアは恒例の首脳宣言の採択を断念し、APEC会議はその一九九三年の第一回目の会議以来初めて、首脳宣言を出さないという異常事態となった。

ここまできたら米中対立、すなわち米中冷戦はもはや決定的な流れとなってきているが、十一月末に予定されている米中首脳会談は貿易問題で何らかの合意に達することがあっても、この流れを変えることはないのであろう。上述のAPEC会議での出来事は、米中冷戦の本格開始を告げたのと同時に、米中冷戦の主戦場はまさにアジア太平洋であることを示した。アジアはこれから、民主主義などの普遍的価値の下で平和と繁栄のアジアとなるのか、それとも独裁暴政の中華帝国に呑み込まれて「第二のチベット」となるのか、われわれが運命の分岐点に立たされたのである。

こうした中で、アジア大国の日本がどう振る舞うのか。それは米中冷戦の行方を大きく左右する決定的な要素の一つであると同時に、日本国と国民の運命もこれで決められていくのであろう。

一つだけ、はっきりと言えることがある。「米中のどちらにつくのか」という運命の選択を迫られる時、われわれ日本国には「中国につく」という選択肢がありえないのである。日本国の存続を図り、民族としての自立と国家としての繁栄を永続させていくためにはわれわれは、日米同盟を基軸にしてアジア諸国と連携して中華帝国のアジア支配の野望を打ち砕け、アジアの秩序と平和を守っていくしかない。

そして日本も参与した米中冷戦の結果、悪の共産主義中華帝国が崩壊して、民主主義などの普遍的な価値観を受け入れた新しい中国が誕生するようなことがあれば、それこそはわれわれにとっての明るい未来への展望となるのではないか。

私自身は、まさにこのような思いを抱いて藤井先生との対談に臨んだわけであるが、私たちの知的営みの結果としての本書は、読者の皆様の国際情勢・アジア情勢に対する理解を深めるための一助となっていれば、それほど幸せなことはない。

最後には、本書の対談を企画して下さったワック株式会社の皆様と、対談に快く応じて下さった藤井厳喜先生に心からの感謝を申し上げたい。そして、本書を手にとっていただいた読者の皆様にはただひたすら、頭を下げて御礼を申し上げたいところである。

二〇一八年（平成三十年）十一月二十五日

石平

藤井厳喜（ふじい・げんき）
1952年、東京都生まれ。早稲田大学政治経済学部政治学科卒業。クレアモント大学院政治学部（修士）を経て、ハーバード大学政治学部大学院助手、同大学国際問題研究所研究員。82年から近未来予測の「ケンブリッジ・フォーキャスト・レポート」発行。株式会社ケンブリッジ・フォーキャスト・グループ・オブ・ジャパン代表取締役。『日米対等　トランプで変わる日本の国防・外交・経済』（祥伝社新書）、『最強兵器としての地政学』（ハート出版）、『国境ある経済の復活』（徳間書店）、『韓国・北朝鮮の悲劇　米中は全面対決へ』（ワック）など著書多数。

石　平（せき・へい）
評論家。1962年、中国四川省成都生まれ。北京大学哲学部卒業。四川大学哲学部講師を経て、1988年に来日。1995年、神戸大学大学院文化学研究科博士課程修了。民間研究機関に勤務ののち、評論活動へ。2007年、日本に帰化する。著書に『なぜ中国から離れると日本はうまくいくのか』（PHP新書、第23回山本七平賞受賞）、『アメリカの本気を見誤り、中国を「地獄」へ導く習近平の狂気』（ビジネス社）、『私はなぜ「中国」を捨てたのか』『最後は孤立して自壊する中国』『アジアの覇者は誰か　習近平か、いやトランプと安倍だ！』（ワック）など著書多数。

米中「冷戦」から「熱戦」へ
トランプは習近平を追い詰める

2018年12月25日　初版発行
2019年1月29日　第2刷

著　者　藤井 厳喜・石 平

発行者　鈴木　隆一

発行所　ワック株式会社
東京都千代田区五番町4-5　五番町コスモビル　〒102-0076
電話　03-5226-7622
http://web-wac.co.jp/

印刷人　北島　義俊
印刷製本　大日本印刷株式会社

ISBN978-4-89831-789-1